LA MUJER QUE SOY

BRITNEY SPEARS

LA MUJER QUE SOY

Traducción de
Marta de Bru de Sala i Martí,
Verónica Canales Medina y Noemi Risco Mateo

PLAZA JANÉS

Penguin
Random House
Grupo Editorial

Título original: *The Woman in Me*

Primera edición: octubre de 2023

© 2023, Britney Jean Spears
Publicado por acuerdo con el editor original, Gallery Books, una división de Simon & Schuster, Inc.
© 2023, Penguin Random House Grupo Editorial, S. A. U.
Travessera de Gràcia, 47-49. 08021 Barcelona
© 2023, Penguin Random House Grupo Editorial USA, LLC.
8950 SW 74th Court, Suite 2010
Miami, FL 33156
© 2023, Marta de Bru de Sala i Martí, Verónica Canales Medina
y Noemi Risco Mateo, por la traducción

Impreso en Estados Unidos - *Printed in USA*

ISBN: 979-88-909802-0-5

23 24 25 26 27   10 9 8 7 6 5 4 3

Para mis chicos,
que son el amor de mi vida

Prólogo

Cuando era niña caminaba en solitario durante horas por el silencioso bosque que había detrás de mi casa en Luisiana, cantando canciones. Encontrarme en el exterior me proporcionaba una sensación de viveza y peligro. Durante mi infancia, mi madre y mi padre se peleaban constantemente. Él era alcohólico. En casa, lo normal era que me sintiera asustada. No es que el exterior fuera necesariamente el paraíso, pero era mi mundo. Paraíso o infierno, llámalo como quieras: era mío.

Antes de volver a casa, recorría un sendero que conducía a la vivienda de nuestros vecinos, cruzaba un jardín de diseño y pasaba junto a una piscina. Tenían una rocalla llena de pequeños y suaves guijarros que atrapaban el calor, permanecían calientes y yo percibía esa agradable sensación en la piel. Me tumbaba sobre esas piedras y miraba al cielo y, mientras sentía la calidez que irradiaba desde abajo y también desde arriba, pensaba: «Puedo hacer lo que quiera con mi vida. Puedo conseguir que mis sueños se hagan realidad».

Tumbada en silencio sobre esas piedras, sentía a Dios.

1

En el Sur, criar a los hijos tenía más que ver con respetar a tus padres y mantener la boca cerrada. (Hoy funciona al revés: se trata de respetar a los niños). En mi casa, jamás se permitió mostrar desacuerdo con alguno de los progenitores. No importaba lo mal que fuera todo, se daba por sentado que guardarías silencio, y si no lo cumplías había consecuencias.

En la Biblia se dice que tu lengua es tu espada.

Mi lengua y mi espada fueron mi canto.

Me pasé cantando toda la niñez. Cantaba con la radio del coche de camino a mis clases de danza. Cantaba cuando estaba triste. Para mí, cantar era espiritual.

Nací y fui al colegio en McComb, Mississippi, y viví en Kentwood, Luisiana, a unos cuarenta kilómetros de distancia.

En Kentwood todos se conocían. Las puertas estaban siempre abiertas, la vida social giraba en torno a la iglesia y las fiestas en los patios traseros de las casas, a los niños se los vestía conjuntados y todo el mundo sabía disparar un arma. La principal zona histórica era Camp Moore, una base de entrenamiento militar del ejército confederado construida por Jefferson Davis. Todos los años se celebra una recreación de la Guerra Civil el fin de semana previo a Acción de Gracias, y el ver a esas personas vestidas con uniformes era un recordatorio de que se acercaban las fiestas. Me encantaba esa época del año: chocolate caliente, el olor a chimenea en el salón de casa, los colores otoñales de las hojas en el suelo.

Teníamos una pequeña casa de ladrillo con paredes empapeladas de color verde a rayas y revestidas de madera. De niña, iba a una hamburguesería de la cadena Sonic, conducía karts, jugaba a baloncesto y asistía a una pequeña escuela cristiana llamada Parklane Academy.

La primera vez que realmente me conmoví y sentí escalofríos recorriendo mi columna vertebral fue al oír a nuestra asistenta cantando en la lavandería. Siempre me encargué yo de lavar y planchar la ropa en casa, pero, cuando las cosas mejoraban económicamente, mi madre contrataba a alguien para que ayudara. La asistenta cantaba góspel, y literalmente fue un despertar a un mundo por completo nuevo. Nunca lo olvidaré.

Desde entonces, mi anhelo y pasión por cantar no han hecho más que crecer. Cantar es mágico. Cuando canto, soy dueña de mi esencia. Me puedo comunicar con pureza. Cuando cantas, dejas de usar el lenguaje habitual de «Hola, ¿qué tal?». Eres capaz de expresar cosas que son mucho más profundas. Cantar te lleva a un espacio místico donde el lenguaje deja de importar, donde todo es posible.

Lo único que quería era evadirme del mundo del día a día y entrar en ese reino donde podía expresarme sin pensar. Cuando estaba ensimismada en mis pensamientos, mi mente se llenaba de preocupaciones y miedos. La música acallaba ese ruido, me hacía sentir segura y me llevaba a un lugar puro donde podía expresarme de la manera exacta en que deseaba ser vista y oída. Cantar me llevaba en presencia de lo divino. Mientras cantaba, me sentía casi fuera del mundo. Podía estar jugando a videojuegos o haciendo volteretas laterales en el patio trasero, pero mis pensamientos, sentimientos y esperanzas estaban en otro lugar.

Me esforcé mucho por conseguir que las cosas fueran como yo quería. Me lo tomaba muy en serio cuando grababa videoclips tontorrones con las canciones de Mariah Carey en el patio trasero de la casa de mi amiga. A los ocho años, me creía directora de cine. En mi ciudad nadie hacía cosas como esas. Pero yo sabía qué quería ver en el mundo e intentaba hacerlo realidad.

Los artistas hacen cosas e interpretan personajes porque quieren escapar a mundos lejanos, y escapar era precisamente lo que necesitaba. Quería vivir en mis sueños, en mi mundo ficticio de las maravillas y no pensar jamás en la realidad si podía evitarlo. Cantar tendía un puente entre la realidad y la fantasía, entre el mundo en el que vivía y el mundo que quería habitar a toda costa.

La tragedia ha marcado a mi familia. Mi segundo nombre viene de la madre de mi padre, Emma Jean Spears, a quien llamaban Jean. He visto fotos de ella y entiendo por qué todo el mundo dice que nos parecemos. Tenemos el mismo pelo rubio. La misma sonrisa. Parecía más joven de lo que era.

Su marido —mi abuelo, June Spears padre— era un maltratador. Jean sufrió la pérdida de un hijo cuando el bebé contaba tan solo tres días de vida. June envió a Jean al hospital Southeast Louisiana, un horrible manicomio en Mandeville, donde le administraron litio. En 1966, a los treinta y un años, mi abuela Jean se suicidó pegándose un tiro sobre la tumba de su bebé muerto, poco más de ocho años después de su fallecimiento. No puedo imaginar la tristeza que debía de sentir.

Lo que suele decir la gente del Sur de hombres como June es: «Nada le parecía suficientemente bueno», o que era «un perfeccionista», que era «un padre muy implicado». Seguramente yo habría sido algo más dura.

Como fanático del deporte, June obligaba a mi padre a practicar ejercicio mucho más allá de la extenuación. A diario, cuando mi padre terminaba sus prácticas de baloncesto, sin importar lo cansado y hambriento que estuviera, todavía tenía que lanzar a canasta cientos de veces más antes de poder entrar en casa.

June era agente del departamento de policía de Baton Rouge y llegó a tener diez hijos con tres esposas. Hasta donde yo sé, nadie puede decir nada bueno sobre los primeros cincuenta años de su vida. Incluso en mi familia, se comentaba que los hombres Spears siempre daban problemas, sobre todo en lo relacionado con su forma de tratar a las mujeres.

Jean no fue la única esposa a la que June envió al sanatorio de Mandeville. También mandó allí a su segunda mujer. Una de las hermanastras de mi padre ha dicho que June abusó sexualmente de ella desde los once años hasta que se fugó de casa con dieciséis.

Mi padre tenía trece años cuando Jean murió sobre aquella tumba. Sé que ese trauma es parte de la razón por la que mi padre ha sido como ha sido con mis hermanos y conmigo, y el porqué de que para él nada fuera lo suficientemente bueno. Mi padre presionó a mi hermano para que destacara en el deporte. Bebía hasta perder la conciencia. Desaparecía durante periodos de varios días. Cuando mi padre bebía, era extremadamente malo.

Sin embargo, la conducta de June se suavizó con los años. No tuve la experiencia de ver al hombre que había maltratado a mi padre y a sus hermanos, sino que conocí a un abuelo que parecía paciente y tierno.

El mundo de mi padre y el de mi madre eran totalmente opuestos.

Según mi madre, su madre —mi abuela, Lilian Portell, «Lily»— procedía de una familia londinense elegante y sofisticada. Lily tenía un aire exótico del que todo el mundo hablaba; su madre era británica y su padre era de la isla mediterránea de Malta. Su tío era encuadernador. Todos los miembros de la familia tocaban algún instrumento y les apasionaba cantar.

Durante la Segunda Guerra Mundial, Lily conoció a un soldado estadounidense, mi abuelo, Barney Bridges, en un baile para soldados. Era chófer de los generales y le encantaba conducir deprisa.

No obstante, ella se sintió decepcionada cuando él la llevó consigo a Estados Unidos. Lily había imaginado una vida como la que tenía en Londres. Mientras se dirigía en coche hacia la vaquería de mi abuelo desde Nueva Orleans, iba mirando por la ventanilla del coche de Barney y se sintió inquieta por lo vacío que parecía el mundo de su esposo. «¿Dónde están todas las luces?», preguntaba ella insistentemente.

A veces pienso en Lily atravesando la Luisiana rural en coche, mirando por la ventanilla a la oscuridad de la noche y dándose cuenta de que su gran vida vibrante y llena de música, de tardes de té y de museos de Londres, estaba a punto de convertirse en algo insignificante y difícil. En lugar de ir al teatro o a comprar ropa, tendría que pasarse la vida enjaulada en el campo, cocinando, limpiando y ordeñando vacas.

Así pues, mi abuela guardó silencio, leyó miles de libros, se obsesionó con la limpieza y añoró Londres hasta el día de su muerte. Mi familia decía que Barney no quería permitirle regresar a Londres porque creía que, si se marchaba, nunca volvería a casa.

Mi madre contaba que Lily se perdía tanto en sus propios pensamientos que tenía la manía de recoger la mesa antes de que todos hubieran terminado de comer.

Lo único que sabía yo era que mi abuela era guapa y me encantaba imitar su acento británico. Hablar con ese acento siempre me ha hecho feliz porque me recuerda a ella, mi abuela elegante. Deseaba tener sus modales y su voz cantarina.

Como Lily tenía dinero, mi madre, Lynne, su hermano, Sonny, y su hermana, Sandra, crecieron en la abundancia, sobre todo considerando lo que era la Luisiana rural. Aunque eran protestantes, mi madre iba a una escuela católica. De adolescente era preciosa, con el pelo negro corto. Siempre acudía al colegio con las botas más altas y las faldas más cortas. Salía con los chicos más divertidos del pueblo, que la llevaban a pasear en moto.

Mi padre se interesó en ella, cómo no. Además, seguramente porque June lo hacía entrenar con tanta intensidad, mi padre era buenísimo en los deportes. La gente recorría kilómetros para verle jugar al baloncesto.

Mi madre lo vio y se preguntó: «Oh, ¿quién es ese chico?».

En todos los sentidos, su relación nació de una atracción mutua y del espíritu aventurero. Pero su luna de miel se había terminado mucho antes de que yo llegara.

2

Cuando se casaron, mis padres vivían en una pequeña vivienda, en Kentwood. A mi madre ya no la mantenía su familia, así que mis padres eran muy pobres. Además, eran demasiado jóvenes: mi madre tenía veintiún años y mi padre, veintitrés. En 1977, tuvieron a mi hermano mayor, Bryan. Cuando se fueron de ese primer hogar, compraron una pequeña casa de un solo piso con tres habitaciones.

Después del nacimiento de Bryan, mi madre retomó los estudios para convertirse en profesora. Mi padre, que había trabajado como soldador en refinerías de petróleo —trabajos duros que le duraban un mes y, a veces, tres—, empezó a beber mucho y eso no tardó en pasar factura a la familia. Tal como lo cuenta mi madre, un par de años después de casarse, mi abuelo materno Barney murió en un accidente de tráfico, y, posteriormente, mi padre pilló una cogorza y se perdió el primer cumpleaños de Bryan. Cuando mi hermano tenía dos o tres años, mi padre se emborrachó en una fiesta navideña y se ausentó sin decir nada la mañana de Navidad. Y fue entonces cuando mi madre se hartó. Se marchó a casa de Lily. Ese marzo de 1980, presentó la demanda de divorcio. Pero June y su nueva esposa le rogaron que dejara volver a mi padre, y mi madre lo hizo.

Durante un tiempo, aparentemente, todo estuvo tranquilo. Mi padre dejó de emborracharse y abrió una empresa de construcción. Entonces, después de luchar mucho, también abrió un gimnasio. Se llamaba Total Fitness y transformó a algunos hombres de la ciudad, incluidos mis tíos, en culturistas. Mi padre lo abrió en un estudio independiente de nuestra propiedad, justo al lado de casa. Una retahíla interminable de hombres musculosos entraba y salía del gimnasio, flexionando su musculatura ante los espejos, bajo las luces fluorescentes.

A mi padre empezó a irle muy bien. Se convirtió en uno de los hombres más acaudalados de nuestra pequeña ciudad. Mi familia celebraba grandes fiestas en el patio trasero y las típicas comidas de Luisiana a base de cangrejos de río al estilo cajún. Sus fiestas eran salvajes, y el baile duraba toda la noche. (Siempre he dado por hecho que su ingrediente secreto para aguantar toda la noche en pie era el speed, la droga preferida en aquel entonces).

Mi madre abrió una guardería con su hermana, mi tía Sandra. Para consolidar su matrimonio, mis padres tuvieron un segundo bebé: yo. Nací el 2 de diciembre de 1981. Mi madre jamás perdió una oportunidad de recordar que conmigo tuvo un parto dolorosísimo de veintiuna horas.

Adoraba a las mujeres de mi familia. Mi tía Sandra, que ya tenía dos hijos varones, dio a luz un bebé por sorpresa a los treinta y cinco: mi prima Laura Lynne. Como solo nos lle-

vábamos unos meses, Laura Lynne y yo éramos como geme-
las, y las mejores amigas. Laura Lynne siempre fue como
una hermana para mí, y Sandra fue mi segunda madre. Ella
se sentía muy orgullosa de mí y siempre me animaba.

Y, aunque mi abuela Jean había muerto mucho antes de
que yo naciera, tuve la gran suerte de conocer a su madre,
mi bisabuela Lexie Pierce. Lexie tenía una belleza pícara,
siempre maquillada con la cara muy blanca y los labios muy
rojos. Tenía un genio de mil demonios, que se acentuaba a
medida que cumplía años. Me contaron, y yo me lo creo,
que se había casado siete veces. ¡Siete! Evidentemente, no le
gustaba su yerno June, pero, después de la muerte de su hija
Jean, ella se quedó en la casa y cuidó de mi padre y sus hermanos, y luego, además, de sus bisnietos.

Lexie y yo estábamos muy unidas. Mis recuerdos más
vívidos y felices de la primera infancia son todos momentos
pasados con ella. Celebrábamos fiestas de pijama las dos solas. Por la noche jugábamos con su neceser de maquillaje.
Por la mañana me preparaba un desayuno enorme. Su mejor
amiga, que vivía en la casa de al lado, venía a visitarla y es-
cuchábamos lentas baladas de la década de 1950 de la colec-
ción de discos de Lexie. Durante el día, mi bisabuela y yo
dormíamos juntas la siesta. No había nada que me gustara
más que quedarme dormida a su lado, oliendo los polvos de
su maquillaje y su perfume, oyendo su respiración cada vez
más profunda y regular.

Un día, Lexie y yo fuimos a alquilar una película. Cuando nos alejábamos en coche del videoclub, ella chocó contra
otro vehículo y luego quedó atrapada en un bache. No podíamos salir. Tuvo que venir una grúa a sacarnos.

Ese accidente asustó a mi madre. Desde ese momento, no me permitieron salir con mi bisabuela.

—Pero ¡si ni siquiera ha sido un accidente grave! —le dije a mi madre.

Le suplicaba ver a Lexie. Era mi persona favorita.

—No, me temo que está senil —me contestó ella—. No es seguro que sigas quedándote a solas con tu bisabuela.

Después de aquello, la veía en mi casa y no pude ir en coche con ella, ni volver a quedarme a dormir en su casa. Fue una gran pérdida para mí. No entendía cómo podía considerarse tan peligroso estar con alguien a quien quería.

A esa edad, lo que más me gustaba hacer aparte de pasar tiempo con Lexie era esconderme en los armarios de la cocina. Se volvió una broma familiar: «¿Dónde se ha metido Britney ahora?». En casa de mi tía, siempre estaba desaparecida. Todos montaban una partida de búsqueda. Justo cuando empezaban a asustarse de verdad, abrían la puerta de uno de los armarios y allí estaba yo.

Debía de querer que me buscaran. Durante años fue lo mío…, esconderme.

Esconderme era una forma de recibir atención. También me encantaba cantar y bailar. Cantaba en el coro de nuestra iglesia e iba a clases de danza tres tardes a la semana y los sábados. Luego sumé las clases de gimnasia en Covington, Luisiana, a una hora de coche. Jamás tenía suficiente de danza, canto y acrobacias.

El día de las profesiones en la escuela primaria, dije que iba a ser abogada, pero los vecinos y profesores empezaron a decir que había «nacido para Broadway», y al final acepté mi identidad de «la pequeña artista».

Tenía tres años en mi primer recital de danza y cuatro cuando canté mi primer solo, «What Child Is This?», en una representación navideña de la guardería de mi madre.

Quería esconderme, aunque también quería ser vista. Ambas cosas podían ser ciertas. Acuclillada en la fría oscuridad de un armario, me sentía tan pequeña que podría haber desaparecido. Pero, si todo el mundo me miraba, me convertía en otra persona, en alguien que podía dirigir a todos los presentes en una habitación. Con leotardos blancos, cantando a voz en cuello una canción, sentía que cualquier cosa era posible.

3

—¡Señora Lynne! ¡Señora Lynne! —gritó el niño. Estaba sin aliento, jadeando en nuestra puerta—. ¡Debe venir! ¡Salga ahora mismo!

Un día, cuando tenía cuatro años, estaba en el salón de nuestra casa, sentada en el sofá con mi madre a un lado y mi amiga Cindy al otro. Kentwood era como una pequeña ciudad de culebrón; siempre había algún drama. Cindy estaba parloteando con mi madre sobre el último escándalo mientras yo escuchaba, intentando seguir el hilo, cuando la puerta se abrió de golpe. La expresión del chico me bastó para saber que había ocurrido algo terrible. El corazón me dio un vuelco.

Mi madre y yo salimos corriendo. Acababan de reasfaltar la calzada y yo iba sin zapatos, corriendo sobre negro alquitrán caliente.

—¡Ay! ¡Ay! ¡Ay! —gritaba a cada paso. Me miré los pies y vi el alquitrán que se me había pegado.

Al final, llegamos al campo donde mi hermano, Bryan, había estado jugando con sus amigos del vecindario. Habían intentado segar la hierba alta con sus quads. Les pareció una idea maravillosa porque eran idiotas. Como era previsible, la hierba alta no les había permitido una buena visibilidad y habían chocado de frente.

Yo debí de verlo todo, debí de oír a mi hermano aullando de dolor, a mi madre gritando de miedo, pero no recuerdo nada. Creo que Dios me hizo borrarlo todo para no recordar el sufrimiento y el pánico, la visión del cuerpo aplastado de mi hermano.

Se lo llevaron al hospital en helicóptero.

Cuando fui a visitar a Bryan días después, estaba enyesado de pies a cabeza. Por lo que pude ver, se había roto todos los huesos del cuerpo. Y el único detalle que me impactó, siendo niña, fue que tenía que hacer pis por un agujero de la escayola.

La otra cosa en la que me fijé de manera inevitable fue en que toda la habitación estaba llena de juguetes. Mis padres estaban tan agradecidos de que mi hermano hubiera sobrevivido y se sentían tan mal por él que, durante su recuperación, todos los días eran Navidad. Mi madre satisfacía los deseos de mi hermano, movida por la culpa. Hasta el día de hoy, todavía tiene más manga ancha con él. Es curioso cómo una décima de segundo puede cambiar la dinámica familiar para siempre.

El accidente me acercó más a mi hermano. Nuestro vínculo se creó a partir de mi sincero y auténtico reconocimiento de su dolor. En cuanto regresó a casa del hospital, no me aparté de su lado. Dormía junto a él cada noche. Bryan no podía dormir en su cama de siempre porque seguía enyesado de cuerpo entero. Por eso tenía una cama especial, y a mí me pusieron un colchón pequeño a sus pies. Algunas veces me tumbaba con él y me limitaba a abrazarlo.

Cuando a Bryan le quitaron el yeso, seguí durmiendo con él durante años. Incluso siendo pequeña, sabía que, entre el accidente y lo duro que era mi padre con él, mi hermano tenía una vida difícil. Yo quería ofrecerle consuelo.

Al final, años después, mi madre me dijo que ya estaba casi en sexto de primaria y que debía empezar a dormir sola.

Yo me negué.

Era muy niña y no quería dormir sola. Pero ella insistió y al final tuve que claudicar.

En cuanto empecé a pasar tiempo en mi dormitorio, aprendí a disfrutar de contar con un espacio propio, aunque seguí manteniendo una relación muy estrecha con mi hermano. Él me quería. Y yo lo quería muchísimo; sentía un amor tierno y protector por él. No quería que sufriera jamás. Ya lo había visto sufrir demasiado.

A medida que mi hermano fue mejorando, nos implicamos de lleno en la comunidad. Dado que se trataba de una pequeña ciudad de tan solo unos dos mil habitantes, todo el mundo participaba en la organización de los tres desfiles anuales: Mardi Gras, Cuatro de Julio y Navidad. Toda la ciudad los esperaba con ganas. La gente se agolpaba en las aceras sonriendo, saludando con la mano, dejando atrás por un día el drama de sus vidas para divertirse contemplando a sus vecinos avanzando despacio por la carretera 38.

Un año, un grupo de niños decidimos decorar un carrito de golf y participar con él en el desfile de Mardi Gras. Probablemente íbamos en aquel carrito ocho niños: demasiados, es evidente. Tres ocupaban el asiento corrido, dos iban de pie a los lados sujetándose al pequeño techo y uno o dos se balanceaban en la parte trasera. Era tanto el peso que las ruedas del carro iban casi desinfladas. Todos llevábamos disfraces del siglo xix, ni siquiera recuerdo por qué. Yo iba sentada en el regazo de los niños de la parte de delante, saludando a todo el mundo. El problema fue que, con tantos niños montados en un carrito de golf con las ruedas desinfladas, no era tarea fácil mantener el control, y con las risas, los saludos y la excitación... Bueno, solo golpeamos al vehículo de delante unas pocas veces, pero sí lo bastante para que nos echaran del desfile.

4

Cuando mi padre empezó de nuevo a beber mucho, sus empresas comenzaron a ir mal.

La tensión de no tener dinero se agravaba con el caos que conllevaban los radicales cambios de humor de mi padre. A mí me asustaba especialmente ir en el coche con él porque hablaba solo mientras conducía. Yo no entendía lo que decía. Era como si estuviera en su propio mundo.

Incluso entonces ya sabía que mi padre tenía motivos para querer darse a la bebida con tal de olvidar. El estrés por el trabajo lo había sobrepasado. Ahora veo con más claridad todavía que estaba automedicándose tras soportar años de malos tratos por parte de su padre, June. Cuando era pequeña, no obstante, no tenía ni idea de por qué era tan duro con nosotros, por qué nada de lo que hacíamos le parecía suficiente.

Para mí, lo más triste era que yo siempre deseé tener un padre que me quisiera tal como era; alguien que me dijera: «Te quiero. Ahora mismo puedes hacer cualquier cosa. Yo seguiré queriéndote con un amor incondicional».

Mi padre era inflexible, frío y malo conmigo, pero fue

aún más duro con Bryan. Lo presionaba tanto para que destacara en el deporte que resultaba cruel. La vida de mi hermano en esos años fue mucho más dura que la mía porque nuestro padre lo sometió al mismo régimen brutal al que June lo había sometido a él. Bryan fue obligado a practicar baloncesto y también fútbol americano aunque no tuviera el físico para hacerlo.

Mi padre también maltrataba a mi madre, aunque más bien era el tipo de alcohólico que desaparecía durante varios días. Siendo sincera, para nosotros suponía un alivio cuando se marchaba. Yo prefería que no estuviera.

Lo que hacía más horroroso el tiempo que pasaba en casa era que mi madre discutía con él toda la noche. Él estaba tan borracho que no podía hablar. Ni siquiera sé si podía oírla. Pero nosotros sí que podíamos. Bryan y yo sufríamos las consecuencias de la ira de mi madre, lo que implicaba no poder pegar ojo en toda la noche. Sus chillidos retumbaban por toda la casa.

Yo entraba de golpe en el salón en pijama y le suplicaba: «¡Dale algo de comer y métalo en la cama! ¡Está enfermo!».

Mi madre discutía con una persona que ni siquiera estaba consciente. Pero ella no me escuchaba. Yo volvía a la cama, furiosa, con ganas de matar a alguien, oyendo los gritos de mi madre, insultándola mentalmente.

¿Verdad que es horrible? El borracho era él. Su alcoholismo era el que nos había llevado a una pobreza tan extrema. Era él quien se quedaba inconsciente en la silla. Pero mi madre era la que acababa cabreándome más, porque, al menos en esos momentos, él permanecía en silencio. Yo me moría de ganas de poder dormir, pero mi madre no se callaba.

A pesar de los dramas nocturnos, durante el día mi madre hacía que nuestra casa fuera un lugar al que mis amigas querían venir; al menos era así cuando mi padre nos respetaba lo suficiente para ir a beber a otra parte. Todos los niños del barrio venían a visitarnos. Nuestro hogar era, por decirlo de algún modo, la casa guay. Teníamos una barra alta con doce taburetes.

Mi madre era la típica joven madre sureña, a menudo cotilleando, siempre fumando cigarrillos con sus amigos en la barra (fumaba Virginia Slims, los mismos cigarrillos que fumo yo ahora) o hablando con ellos por teléfono. Para todos, yo estaba muerta. Los niños más mayores se sentaban en los taburetes de la barra enfrente del televisor y jugaban a videojuegos. Yo era la más pequeña; no sabía jugar a videojuegos, así que tenía que pelear para atraer la atención de los niños mayores.

Nuestra casa era un manicomio. Yo estaba siempre bailando sobre la mesita de centro para hacerme notar y mi madre estaba siempre persiguiendo a Bryan cuando era pequeño, saltando sobre los sofás para tratar de atraparlo y darle un buen azote por contestarla con insolencia.

Siempre estaba como loca intentando que los niños mayores dejaran de mirar la pantalla del salón o que los adultos dejaran de hablar entre ellos en la cocina.

—¡Britney, basta ya! —gritaba mi madre—. ¡Tenemos visita! Sé buena y pórtate bien.

Pero yo la ignoraba. Y siempre encontraba alguna manera de llamar la atención de todo el mundo.

5

Era una niña callada y menuda, pero, cuando cantaba, cobraba vida, y había ido a suficientes clases de gimnasia para tener la habilidad de moverme bien. Con cinco años, participé en un concurso local de baile. Mi número consistió en una coreografía que realizaba con un sombrero de copa y haciendo girar un bastón. Gané. Después de aquello, mi madre empezó a llevarme a concursos por toda la región. En fotos y vídeos antiguos, llevo atuendos de lo más ridículos. En el musical de tercero de primaria, a los ocho años, me habían puesto una camiseta enorme de color lila con un lazo gigantesco del mismo color en la cabeza, y parecía un regalo de Navidad. Era absolutamente espantoso.

Fui abriéndome paso en el circuito de los concursos de talentos hasta que gané uno a nivel regional en Baton Rouge. Mis padres no tardaron en descubrir oportunidades más importantes de las que podíamos conseguir recogiendo premios en los gimnasios de los colegios. Cuando vieron un anuncio en el periódico de una audición para el programa infantil *El club de Mickey Mouse*, me sugirieron que me presentara. Hicimos un viaje en coche de ocho horas hasta Atlanta. Allí había más de dos mil niños. Yo tenía que destacar, sobre todo cuando supimos, después de llegar, que solo buscaban candidatos a partir de diez años.

Cuando el director de casting, un hombre llamado Matt Casella, me preguntó qué edad tenía, abrí la boca para decir «ocho», pero recordé el corte de edad de los diez y dije: «¡Nueve!». Me miró con cara de no creérselo.

Para la prueba canté «Sweet Georgia Brown» mientras realizaba una coreografía, en la que incluí un par de acrobacias de gimnasia.

Redujeron el grupo de dos mil niños llegados de todo el país a un puñado, incluida una preciosa cría de California unos años mayor que yo llamada Keri Russell.

A una niña de Pennsylvania llamada Christina Aguilera y a mí nos informaron de que no habíamos pasado el corte, pero que teníamos talento. Matt dijo que seguramente entraríamos en el programa cuando fuéramos un poco mayores y tuviéramos más experiencia. Le dijo a mi madre que creía que podía ir a la ciudad de Nueva York a trabajar. Nos recomendó recurrir a una agente que a él le gustaba y que ayudaba a jóvenes artistas a empezar en el mundo del teatro.

No acudimos a ella de inmediato. En lugar de hacerlo, me quedé en Luisiana durante unos seis meses y empecé a trabajar de camarera en el restaurante de marisco de Lexie, Granny's Seafood and Deli, para echar una mano.

El restaurante tenía un olor asqueroso a pescado. Con todo, la comida era maravillosa, increíblemente deliciosa. Y se convirtió en el nuevo punto de encuentro de los jóvenes. La trastienda era el lugar en que mi hermano y sus amigos se emborrachaban durante la época del instituto. Mientras tanto, en el restaurante, a los nueve años, yo estaba limpiando marisco y sirviendo platos de comida mientras ensayaba mis remilgados bailes con atuendos monísimos.

Mi madre envió unos vídeos míos a la agente que Matt nos había recomendado, Nancy Carson. En el vídeo yo salía cantando «Shine On, Harvest Moon». Funcionó: la agente nos pidió que fuéramos a Nueva York para conocernos.

Después de cantar para Nancy en su despacho en la vigésima planta de un edificio del centro de Manhattan, volvimos a subir al Amtrak y regresamos a casa. Una agencia de talentos me había fichado de manera oficial.

Poco después de llegar a Luisiana, nació mi hermana pequeña, Jamie Lynn. Laura Lynne y yo pasábamos horas jugando con ella en la casa de muñecas como si fuera una muñeca más.

Unos días después de que mi madre volviera a casa con el bebé, yo me preparaba para una competición de baile cuando mi madre empezó a comportarse de forma extraña. Estaba haciéndome un remiendo a mano en el traje y, según le daba a la aguja y el hilo, se levantó de pronto y tiró la prenda. Parecía que no sabía lo que hacía. El traje era una auténtica mierda, sinceramente, pero lo necesitaba para competir.

—¡Mamá! ¿Por qué has tirado mi ropa? —pregunté.

De pronto todo se llenó de sangre. Había sangre por todas partes.

Algo no había quedado bien cosido después del parto. Y no paraba de sangrar.

Llamé a mi padre a gritos.

—¿Qué le pasa a mamá? —pregunté chillando—. ¿Qué le pasa?

Mi padre entró corriendo y se la llevó en coche al hospital. Yo no paré de gritar durante todo el trayecto.

—¡A mi mamá no puede pasarle nada malo!

Tenía nueve años. Ver un río de sangre manando de tu madre resulta traumático para cualquiera, pero para una niña de esa edad era aterrador. Jamás había visto tanta sangre.

En cuanto llegamos a la consulta del médico, la curaron en cuestión de segundos, o eso me pareció. Nadie se mostraba muy preocupado. Por lo visto, las hemorragias posparto son frecuentes. Pero aquello me quedó grabado en la memoria.

En las clases de gimnasia no paraba de mirar para asegurarme de que mi madre estaba al otro lado de la ventana, esperando a que terminara. Era un acto reflejo, algo que necesitaba hacer para sentirme a salvo. Sin embargo, un día que llevé a cabo mi comprobación habitual y no la vi, entré en pánico. Se había marchado, ¡ya no estaba! ¡A lo mejor se había marchado para siempre! Empecé a llorar. Caí de rodillas. Cualquiera que me hubiera visto habría pensado que alguien acababa de morir.

Mi profesora vino corriendo a consolarme.

—Cariño, ¡va a volver! —me dijo—. ¡No pasa nada! ¡Seguramente solo ha ido a comprar al Walmart!

Resultó que mi madre había hecho precisamente eso: se había ido al supermercado. Pero eso no estaba bien. No podía soportar que se marchara. Cuando regresó, al ver cómo había sufrido, no volvió a separarse jamás de aquella ventana durante mis clases. Y durante el par de años siguientes no se apartó de mi lado.

Yo era una niña pequeña con grandes sueños. Quería ser una estrella como Madonna, Dolly Parton o Whitney Houston. También tenía sueños más sencillos, sueños que parecían aún más difíciles de conseguir y que creía que eran demasiado ambiciosos para expresarlos en voz alta: «Quiero que mi padre deje de beber. Quiero que mi madre deje de gritar. Quiero que todos estén bien.

Con mi familia, cualquier cosa podía salir mal en cualquier momento. Yo no tenía ningún poder. Solo cuando actuaba era invencible de verdad. De pie en una sala de reuniones de Manhattan frente a una mujer que podía hacer mis sueños realidad, al menos había algo que sí dependía por completo de mí.

6

Cuando tenía diez años, me invitaron a participar en el concurso de talentos *Star Search*.

En el primer programa, le eché agallas y canté una versión de una canción que había oído interpretada por Judy Garland: «I Don't Care». Conseguí una puntuación de 3,75 estrellas. Mi rival, una niña que cantaba ópera, consiguió 3,5. Pasé a la siguiente ronda. En el programa que grabamos un poco más tarde ese mismo día, me enfrentaba a un niño con corbata de bolo y un montón de laca en el pelo llamado Marty Thomas, de doce años. Nos hicimos amigos; incluso jugamos a baloncesto antes del programa. Canté «Love Can Build a Bridge», del dúo femenino The Judds, que había interpretado el año antes en la boda de mi tía.

Mientras esperábamos las puntuaciones, Marty y yo fuimos entrevistados sobre el escenario por el presentador, Ed McMahon.

—La semana pasada me fijé en que tienes unos ojos adorables y preciosos —me dijo—. ¿Tienes novio?

—No, señor —respondí.

—¿Por qué no?

—Son malos.

—¿Los novios? —preguntó Ed—. ¿Quieres decir que todos los chicos son malos? ¡Yo no soy malo! ¿Qué pasa conmigo?

—Bueno, depende —repliqué.

—Eso me lo dicen mucho —apostilló Ed.

Volví a conseguir un 3,75. Marty consiguió un perfecto cuatro. Sonreí y lo abracé con educación antes de abandonar el escenario mientras Ed me deseaba suerte. Mantuve el tipo hasta estar entre bastidores, pero luego rompí a llorar. Después, mi madre me compró un helado de vainilla en copa cubierto de chocolate fundido.

Mi madre y yo continuamos con los viajes de ida y vuelta en avión a Nueva York. La intensidad del trabajo en la ciudad siendo una niña pequeña era emocionante para mí, aunque también resultaba intimidante.

Recibí una oferta de trabajo: un papel de actriz suplente en el musical del off-Broadway *Ruthless!*, inspirado en *La mala semilla*, *Eva al desnudo*, *La tía Mame* y *La reina del Vaudeville*. Yo interpretaba a una estrella infantil sociópata llamada Tina Denmark. La primera canción de Tina era «Born to Entertain» [«Nacida para el espectáculo»]. Me tocó el corazón. La otra suplente era una joven actriz con talento llamada Natalie Portman.

Mientras trabajaba en el musical, alquilamos un pequeño apartamento para mi madre, la pequeña Jamie Lynn y yo cerca de mi escuela pública, la Escuela de Artes Interpretativas Profesionales, y además asistía a clases por allí cerca, en el Centro de Danza de Broadway. Sin embargo, pasaba gran parte del tiempo en el Players Theatre, en el centro de la ciudad.

En cierto sentido, la experiencia fue un reconocimiento, la prueba de que tenía el talento suficiente para lograr algo en el mundo del teatro. Pero el horario era demoledor. No me quedaba tiempo para ser una niña normal y corriente ni para tener amigos, porque debía trabajar casi a diario. Los sábados había dos funciones.

Por otro lado, no es que me encantara ser actriz suplente. Tenía que estar en el teatro todas las noches hasta nada más y nada menos que la medianoche, por si había que sustituir a la Tina principal, Laura Bell Bundy. Tras un par de meses, ella se marchó y yo fui la protagonista, pero ya estaba agotada.

Cuando llegó la Navidad, me moría de ganas de volver a casa; entonces supe que tenía que actuar el día de Navidad. Llorando, le pregunté a mi madre: «¿De verdad voy a tener que hacer esto en Navidad?». Me quedé mirando el diminuto árbol navideño de nuestro apartamento, pensando en el enorme abeto que teníamos en nuestro salón de Kentwood.

Con mi mentalidad de niña pequeña, no entendía por qué tenía que gustarme hacer eso, seguir actuando durante las vacaciones. Así que dejé el espectáculo y volví a casa.

El horario del teatro de Nueva York era demasiado duro para mí a esa edad. Aunque sí saqué algo bueno de la experiencia: aprendí a cantar en un teatro con poca acústica. El público estaba a tu lado: había solo unas doscientas personas en la sala. Sinceramente, es raro, pero, en ese espacio reducido, la sensación de cantar resulta más electrizante. La cercanía que sientes con el público es algo especial. Su energía me fortalecía.

Con esa experiencia en el bolsillo, volví a hacer la prueba para *El club de Mickey Mouse*.

Mientras esperaba los resultados de la audición, ya de regreso en Kentwood, asistí a la Parklane Academy y me convertí en base de baloncesto. Era bajita para mis once años, pero sabía correr por la cancha. La gente supone que fui animadora, pero nunca lo fui. Bailaba un poco en los laterales, pero cuando iba al colegio quería jugar, así que lo hice a pesar de mi altura. Llevaba una camiseta enorme, que me quedaba gigantesca, con el número veinticinco. Era como un ratoncito correteando por la cancha.

Durante un tiempo estuve colada por un jugador de baloncesto que tenía unos quince o dieciséis años. Metía todos los triples y hacía que pareciera fácil. La gente venía de lejos para verlo jugar, como habían hecho antes para ver a mi padre. Era bueno, no tan bueno como había sido mi padre, pero, aun así, era un genio con el balón.

Me maravillaba con él y con mis amigos más altos que yo. Lo mío era robar el balón de la jugadora del equipo contrario que estaba driblando, correr hacia el otro extremo de la cancha y tirar.

Me encantaba la emocionante sensación de avanzar zigzagueando entre las chicas del equipo contrario. Tan solo la emoción de la carrera sin guion, siendo el partido impredecible, completamente desconocido, me hacía sentir viva. Era tan bajita y tan mona que nadie me veía venir.

No era lo mismo que estar en escena en la ciudad de Nueva York, pero bajo los focos de la cancha, esperando el sonido de los aplausos, me parecía lo segundo más emocionante.

7

Tras la segunda audición para *El club de Mickey Mouse* conseguí el trabajo. Matt, el simpático director de casting que había remitido a mi madre a nuestra agente, Nancy, llegó a la conclusión de que ya estaba preparada.

Estar en el programa fue como un campo de entrenamiento para la industria del espectáculo: había completos ensayos de baile, clases de canto, clases de interpretación, tiempo en el estudio de grabación y las clases escolares entre medias. Los «Mouseketeros» no tardamos en hacer grupitos, separados según los camerinos que compartíamos: Christina Aguilera y yo éramos las más pequeñas, y compartíamos camerino con otra niña, Nikki DeLoach. Admirábamos a los más mayores: Keri Russell, Ryan Gosling y Tony Lucca, que a mí me parecía guapísimo. Y pronto hice buenas migas con un chico llamado Justin Timberlake.

Rodábamos en Disney World, en Orlando, y mi madre y Jamie Lynn, que en esa época tenía dos años, me habían acompañado. Durante el día, en los momentos de descanso, el reparto podía montar en las atracciones y pasarlo bien. Sinceramente, era el sueño de todo niño; divertidísimo, sobre todo para una cría como yo. Aunque también era un trabajo muy duro: ensayábamos la coreografía treinta veces al día, intentando que todos los pasos salieran a la perfección.

El único momento malo fue cuando, poco después de empezar a rodar, recibimos una llamada con el anuncio de la muerte de mi abuela Lily. Tal vez por un ataque cardiaco o una embolia, se ahogó en la piscina mientras nadaba. Como no podíamos permitirnos volver a casa en avión para el funeral, Lynn Harless, la amable madre de Justin, nos prestó el dinero para los billetes. Aquello era algo que haría por ti un familiar, y los niños y padres de ese programa se convirtieron en mi familia.

Un día, Tony estaba buscando un sombrero que una persona de vestuario se había dejado en el camerino de las chicas, y entró en el nuestro. Se metió de pronto y me dieron taquicardias. Estaba coladita por él. No podía creer que ese chico estuviera en mi camerino. El corazoncito se me salía del pecho.

En otra ocasión, en una fiesta de pijamas, jugamos a beso, verdad o atrevimiento, y alguien retó a Justin a que me besara. Una canción de Janet Jackson sonaba de fondo cuando él se inclinó hacia mí y me besó.

Me retrotrajo a un momento en la biblioteca cuando estaba en tercer curso, cogida de la mano de un chico por primera vez. Para mí fue algo grande, tan real, tan potente. Nunca antes alguien me había prestado atención en un sentido romántico, y lo viví como una maravillosa rebelión. Las luces estaban apagadas —habíamos estado viendo una película—, y ocultábamos nuestras manos debajo de la mesa para que los profesores no pudieran verlo.

El club de Mickey Mouse fue una experiencia magnífica; me dio tablas en la tele. Tener un papel en ese programa prendió la chispa en mí. Desde ese momento supe que quería dedicarme a lo que hacía allí: cantar y bailar.

Cuando el programa terminó un año y medio después, muchos de mis compañeros de reparto se fueron a Nueva York o Los Ángeles para continuar persiguiendo sus sueños. Sin embargo, yo decidí regresar a Kentwood. Ya había empezado mi lucha interna: una parte de mí quería seguir trabajando para alcanzar su sueño; la otra parte deseaba llevar una vida normal en Luisiana. Durante un breve periodo, tuve que dejar ganar a la normalidad.

De vuelta en casa, regresé a Parklane, para instalarme en mi vida de adolescente normal y corriente, o lo más parecido a la normalidad que era posible en mi familia.

Para empezar esa etapa de forma divertida, cuando estaba en octavo curso, con trece años, mi madre y yo viajábamos en coche durante dos horas desde Kentwood hasta Biloxi, Mississippi, y mientras estábamos allí tomábamos daiquiris. Llamábamos a los cócteles «ponches». Me encantaba poder beber con mi madre cada cierto tiempo. La forma en que bebíamos no tenía nada que ver con la forma en que lo hacía mi padre. Cuando él bebía, se volvía más depresivo y se encerraba en sí mismo. Nosotras estábamos más contentas, más vivas, y con más ganas de aventura.

Algunos de los mejores momentos vividos con mi madre fueron esos viajes que hacíamos a la playa en compañía de mi hermana. Durante el trayecto, yo iba dándole sorbitos a un vasito de ruso blanco. A mí me sabía a helado. Cuando llevaba la cantidad perfecta de hielo picado, crema de leche y azúcar y no demasiado alcohol, era como un pedacito de cielo.

Mi hermana y yo llevábamos bañadores y permanentes a juego. En la actualidad es básicamente ilegal hacérsela a una niña, pero en la década de 1990 era algo «divino de la muerte». A los tres años, Jamie Lynn era como una muñeca: la niña más traviesa y adorable de la historia.

Así que de eso iba nuestro rollo. Íbamos a Biloxi, bebíamos, íbamos a la playa y regresábamos felices. Y nos divertíamos. Nos divertíamos mucho. A pesar de todos los momentos oscuros, también hubo mucha diversión en mi infancia.

A los trece años, bebía con mi madre y fumaba con mis colegas. Me fumé mi primer cigarrillo en casa de una de mis amigas «malotas». Todas mis otras amigas eran unas frikis, pero esta era una de las populares: su hermana iba al último curso del instituto, siempre tenía el mejor maquillaje y todos los chicos iban detrás de ella.

Me llevó a un cobertizo y me pasó mi primer cigarrillo. Aunque solo era tabaco, me sentí colocada. Recuerdo haber pensado: «¿Me voy a morir? ¿Se me va a pasar esta sensación? ¿Cuándo se va a pasar esta sensación?». En cuanto sobreviví a aquel primer pitillo, enseguida quise fumarme otro.

Le oculté el hábito a mi madre bastante bien, pero, un día en que me había dejado conducir desde la tienda por la larga calle que llevaba a nuestra casa —también empecé a conducir a los trece—, de pronto empezó a olfatear el aire.

—¡Huelo a cigarrillo! —dijo—. ¿Has estado fumando?

Me quitó una de las manos del volante y se la llevó a la nariz para olerla. Cuando lo hizo, perdí el control del coche y nos salimos de la carretera dando vueltas. Sentí como si todo se moviera a cámara lenta. Miré hacia atrás y vi a la pequeña Jamie Lynn pegada al respaldo del asiento: llevaba el cinturón, pero no iba en su sillita. Mientras girábamos de una forma que me pareció muy lenta, yo no paraba de pensar: «Vamos a morir. Vamos a morir».

Y entonces, ¡pam!, la parte trasera del coche impactó contra un poste de teléfonos.

Chocar así fue un milagro. Si hubiéramos impactado de frente, habríamos salido disparadas por el parabrisas. Mi madre bajó del coche de un salto y empezó a gritar: a mí por haber chocado; a los vehículos que pasaban pidiendo ayuda; al mundo por dejar que aquello ocurriera.

Por suerte nadie salió herido. Las tres nos bajamos por nuestro propio pie. Mejor aún: mi madre olvidó que había descubierto que yo fumaba. ¿El delito adolescente de fumar? ¡Qué más daba! Habíamos estado a punto de matarnos. Después de eso, no volvió a hablar del tema.

Un día, uno de los chicos de sexto curso en el colegio me propuso ir a fumar un cigarrillo en su vestuario durante el recreo. Era la única chica a la que habían invitado a unirse a ellos. Nunca me había sentido más guay. Por suerte, el vestuario de los chicos tenía dos puertas, una de la cuales conducía al exterior. Recuerdo que abrimos la puerta de par en par para que el humo pudiera salir y no nos pillaran.

Se convirtió en un ritual, pero no duró. Poco más tarde decidí intentarlo por mi cuenta, sin los chicos. En esta ocasión, mi mejor amiga y yo fuimos a fumar al vestuario de las chicas, pero esa estancia solo contaba con una puerta. Desastre: nos pillaron con las manos en la masa y nos mandaron al despacho del director.

—¿Estabais fumando? —preguntó el director.

—¡No! —contesté.

Mi mejor amiga me cogió la mano disimuladamente y me dio un buen pellizco. Era evidente que el director no me creía, pero de alguna manera pudimos salir del paso con tan solo una advertencia.

—Lo juro por Dios, Britney —dijo más tarde mi amiga—, eres la peor mentirosa que he visto en mi vida. Por favor, la próxima vez deja que hable yo.

A esa edad no solo bebía y fumaba; fui precoz en el tema de los chicos. Estaba coladísima por uno de los que frecuentaban la casa de mi amiga la «malota». Tenía unos dieciocho o diecinueve años, y en esa época tenía una novia que era un poco chicazo. Estaban muy unidos, eran la pareja de moda en el instituto. A mí me hubiera gustado que se fijara en mí, pero no tenía muchas esperanzas considerando que era cinco años menor que él.

Una noche me quedé a dormir en casa de mi amiga «malota». Sin previo aviso, el chico por el que estaba colada se metió en la casa en plena noche; debían de ser las tres de la madrugada. Yo estaba durmiendo en el sofá y, cuando me desperté, lo vi sentado a mi lado. Empezó a besarme y, de golpe y porrazo, estábamos enrollándonos en el sofá.

«¿Qué está pasando?», pensé. Fue como una especie de sesión de espiritismo, ¡como si lo hubiera invocado! No podía creerme que el chico que me gustaba hubiera aparecido así como así, de la nada, y hubiera empezado a enrollarse conmigo. Y fue algo tierno. Eso fue lo único que hizo, besarme. No intentó nada más.

Ese año me gustaron muchos de los chicos del grupito de mi hermano. De niño, Bryan era divertido y rarito, pero en plan guay. Sin embargo, cuando llegó a último curso, se convirtió en el rey del instituto, el tío más duro del centro.

Cuando mi hermano iba a último curso, yo empecé a salir con su mejor amigo, y perdí la virginidad con él.

Era de las más pequeñas de tercero de secundaria, y el chico tenía diecisiete. Mi relación con él terminó acaparando gran parte de mi tiempo. Iba al colegio a la hora normal, las siete de la mañana, pero me marchaba durante la comida, sobre la una, y pasaba la tarde con él. Después me llevaba en coche al colegio a la hora de la salida. Con toda inocencia, me subía al autobús y volvía a casa como si nada hubiera pasado.

Al final, mi madre recibió una llamada de la secretaría del colegio; había faltado diecisiete días, que tenía que recuperar.

—¿Cómo lo hiciste? ¿Simplemente te ibas? —quiso saber mi madre.

—Oh, falsificaba tu firma —respondí.

La diferencia de edad entre el chico y yo era enorme, evidentemente —ahora nos parecería un escándalo—, y por eso mi hermano, que siempre fue muy protector, empezó a odiarlo. Cuando Bryan me pilló fugándome para ir a ver a su amigo, se chivó a mis padres. Como castigo, tuve que recorrer el barrio a pie con un cubo limpiando las calles como una presidiaria. Bryan me siguió para sacarme fotos mientras yo, llorando, recogía la basura.

Dejando aparte los momentos como ese, en aquella época de mi vida experimenté una hermosa normalidad: ir a la fiesta de antiguos alumnos y a la fiesta de graduación, dar vueltas en coche por nuestra pequeña ciudad, ir al cine.

Pero lo cierto era que añoraba actuar. Mi madre había estado en contacto con un abogado que había conocido en mi gira de audiciones, un hombre llamado Larry Rudolph, a quien llamaba de vez en cuando para que la aconsejara en el aspecto comercial. Le enviaba vídeos míos cantando, y él sugirió grabar una maqueta. Tenía una canción que Toni Braxton había grabado para su segundo álbum y que había terminado descartada en la sala de montaje; se titulaba «Today». Me envió la canción y me la aprendí, luego la grabé en un estudio de Nueva Orleans que quedaba a una hora y media de casa. Esa sería la maqueta que me abriría las puertas de los sellos discográficos.

Más o menos por esa misma época, Justin y otro «Mouseketero», JC Chasez, eran miembros de una nueva *boy band*, NSYNC, que estaba formándose. Otra compañera de reparto, Nikki, con quien había compartido camerino, se había unido a una formación de chicas, pero después de hablarlo con mi madre decidimos seguir luchando por mi carrera en solitario.

Larry hizo oír la maqueta a algunos ejecutivos de Nueva York, y le dijeron que querían ver lo que era capaz de hacer. Así que me puse mis taconcitos y mi vestidito más mono y regresé a Nueva York.

Había intentado volver a ser una adolescente normal y corriente, pero no había funcionado. Seguía queriendo algo más.

8

«¿Quién es este hombre? —pensé—. No tengo ni idea, pero me gusta su oficina y me encanta su perro». Era un hombre mayor sin más, pero desprendía una energía de locos. Calculé que debía de tener unos sesenta y cinco años (en realidad tenía cincuenta y tantos).

Larry me había dicho que era un contacto muy importante y que se llamaba Clive Calder. Ignoraba por completo a qué se dedicaba. Si hubiera sabido de entrada que era el ejecutivo discográfico que había fundado Jive Records, quizá habría estado más nerviosa. En cambio, solo sentía curiosidad. Y lo adoré desde el momento en que lo conocí.

La suya era una oficina increíblemente intimidante de tres plantas. Y en su despacho tenía un terrier mini, un tipo de perro que ni siquiera sabía que existía; por Dios, era una cosita enana y adorable. Cuando entré y vi aquella oficina y aquel perro, me sentí como si estuviera introduciéndome en un universo paralelo. Como si se hubiera abierto una dimensión distinta. Me adentré en un sueño maravilloso.

—¡Hola, Britney! ¿Qué tal? —me saludó casi vibrando por el entusiasmo.

Actuaba como si formara parte de algún tipo de sociedad secreta importante. Tenía un acento sudafricano que a mi parecer le daba un aire a personaje de película antigua. Nunca había oído hablar a nadie así en la vida real.

Me dejó coger a su perro. Mientras abrazaba a aquel animal diminuto, tan cálido entre mis brazos, y contemplaba el despacho gigante que me rodeaba, no podía parar de sonreír. En aquel momento, mis sueños despegaron.

Todavía no había grabado nada aparte de la demo. Tan solo me estaba reuniendo con las personas que Larry había dicho que debía conocer. Sabía que tenía que cantar una canción ante los ejecutivos de los sellos discográficos. Y también sabía con seguridad que quería pasar más tiempo con aquel hombre, que su manera de ser se parecía a como quería llegar a ser yo. No me habría sorprendido que hubiera sido mi tío en una vida anterior. Me hubiera gustado conocerlo desde siempre.

Era por su sonrisa. Inteligente, astuta, sabia. Era un hombre de sonrisa mística. Me sentí tan feliz a su lado que tuve la sensación de que aquel viaje a Nueva York ya había merecido muchísimo la pena tan solo por haber tenido la oportunidad de conocer a alguien así, alguien que creyera en mí.

Pero mi día no terminó allí. Larry me llevó por toda la ciudad y me hizo entrar en salas llenas de ejecutivos y cantar «I Have Nothing», de Whitney Houston. Al ver aquellas salas llenas de hombres trajeados que me miraban de arriba abajo vestida con mi vestido corto y mis tacones, canté lo que se dice fuerte.

Clive quiso firmar conmigo enseguida. Y así fue como

terminé consiguiendo un contrato de grabación con Jive Records a los quince años.

Por aquel entonces mi madre daba clases a niños de ocho años en Kentwood y Jamie Lynn era pequeña, así que pedimos a una amiga de la familia, Felicia Culotta (yo la llamaba «señorita Fe»), que me acompañara a todas partes.

El sello discográfico quería que me encerrara en el estudio de inmediato. Nos acomodaron a Fe y a mí en un apartamento de Nueva York. Cada día íbamos conduciendo hasta New Jersey, me metía en la cabina y cantaba para el productor y compositor Eric Foster White, que había trabajado con Whitney Houston.

Sinceramente, no tenía ni idea de nada. No era consciente de lo que estaba ocurriendo. Solo sabía que me encantaba cantar y bailar: me daba igual qué dioses hubieran bajado del cielo y lo hubieran organizado todo, estaba dispuesta a cantar para ellos. Si alguien conseguía armar algo que me presentara en un formato con el que la gente pudiera sentirse identificada, ahí me tenían. No sé muy bien cómo ocurrió, pero Dios obró su magia y allí estaba, en New Jersey, grabando.

La cabina en la que cantaba era subterránea. Cuando estaba dentro solo me oía cantar a mí misma, nada más. Y es lo que me pasé meses haciendo. Nunca salía de la cabina.

Después de trabajar sin descanso, acudí a una barbacoa en casa de no recuerdo quién. Por aquel entonces yo era muy femenina, siempre iba con vestido y tacones. Estaba hablando con todo el mundo, intentando causar una buena impresión, y en un momento dado salí corriendo para buscar a Felicia y que viniera al balcón conmigo. No me di cuenta de que había una mosquitera puesta. Me di de bruces contra ella, me golpeé la nariz y me caí hacia atrás. Todos los presentes levantaron la mirada y me vieron tirada en el suelo, agarrándome la nariz.

Cuando digo que me morí de vergüenza, Dios mío…

—Cuidado, hay una mosquitera —me dijo alguien cuando me levanté.

—Ya me he dado cuenta, gracias —respondí.

Por supuesto, todo el mundo se partió el culo.

Me sentí tan sumamente avergonzada. ¿No es curioso que de todas las cosas que me ocurrieron durante el primer año de grabación esta sea una de las que recuerdo con más claridad? ¡Ocurrió hace más de veinticinco años! ¡Estaba desolada! Pero siendo sincera creo que lo que más me impactó fue que no vi que la mosquitera estaba puesta. Aquello hizo que me planteara si llevaba demasiado tiempo grabando encerrada en la cabina.

Tras aproximadamente un año en New Jersey, mi álbum empezó a tomar forma. Entonces, de repente, uno de los ejecutivos me dijo:

—Deberías conocer a este productor de Suecia. Es muy bueno. Escribe unas canciones geniales.

—De acuerdo —accedí—. ¿Con quién ha trabajado?

No sé cómo se me ocurrió hacer aquella pregunta dada mi poca experiencia, pero por aquel entonces ya tenía una buena idea de cómo quería que sonara mi música. También investigué un poco y descubrí que hasta la fecha aquel productor había hecho canciones para los Backstreet Boys, Robyn y Bryan Adams.

Así que accedí entusiasmada a conocerlo.

Max Martin voló hasta Nueva York y nos reunimos para cenar los dos solos, sin asistentes ni personal del sello discográfico. A pesar de que siempre tenía algún supervisor cerca debido a mi edad, en este caso quisieron que me reuniera con él a solas. Cuando nos sentamos, se acercó un camarero y nos dijo:

—Buenas noches, ¿qué desean tomar?

No sé muy bien cómo ocurrió, pero una de las velas se cayó de lado y prendió fuego a toda la mesa.

Estábamos en uno de los restaurantes más caros de la ciudad de Nueva York y nuestra mesa se acababa de convertir en una pared de fuego: pasamos de un «Buenas noches, ¿qué desean tomar?» a un muro de llamas en un segundo.

Max y yo nos miramos horrorizados.

—Deberíamos irnos, ¿no te parece? —propuso.

Era mágico. Y empezamos a trabajar juntos.

Volé hasta Suecia para grabar canciones, pero apenas me di cuenta del cambio de escenario respecto a New Jersey: simplemente estaba en otra cabina.

De vez en cuando Felicia entraba y me preguntaba si me apetecía un café o me animaba a tomar un descanso.

Pero yo me la sacaba de encima. Trabajaba durante horas y horas. Mi ética de trabajo era inflexible. No salía nunca de la cabina. Las personas que me conocían por aquel entonces se pasaban días sin saber nada de mí. Me quedaba en el estudio todo el tiempo que podía. Si alguien quería irse, le decía: «No he estado perfecta».

La noche antes de grabar «... Baby One More Time» escuché la canción «Tainted Love» de Soft Cell y me enamoré de ella. Me quedé despierta toda la noche para que así cuando llegara al estudio cansada mi voz tuviera aquel matiz. Funcionó. Al cantar mi voz sonó rasgada, por lo que parecía más madura y sexy.

En cuanto noté lo que estaba ocurriendo me centré mucho más en la grabación. Y Max me escuchó. Cuando expliqué que quería que mi voz tuviera un sonido más R&B y menos pop convencional, entendió lo que estaba diciendo y se encargó de que así fuera.

Entonces, cuando terminamos de grabar todas las canciones, alguien preguntó:

—¿Qué más sabes hacer? ¿Quieres bailar?

—¿Que si quiero bailar? ¡Pues claro!

9

El sello discográfico me presentó un concepto para el videoclip de «… Baby One More Time» en el que tendría que interpretar a una astronauta futurista. En los esbozos que vi parecía una Power Ranger. Aquella imagen no me transmitía nada, y tenía la sensación de que mi audiencia tampoco se sentiría identificada. Expliqué a los ejecutivos del sello discográfico que creía que a la gente le gustaría vernos a mis amigas y a mí sentadas en el instituto, aburridas, y, en cuanto sonara el timbre, bum, empezaríamos a bailar.

Los movimientos que nos propuso el coreógrafo eran muy fluidos. También ayudó que la mayoría de los bailarines fueran de la ciudad de Nueva York. En el mundo del baile de la música pop hay dos escuelas. La mayoría de la gente afirma que los bailarines de Los Ángeles son mejores. No quiero faltarles al respeto, pero mi alma siempre ha estado con los bailarines de Nueva York. Son más viscerales. Ensayamos en el Broadway Dance Center, donde había ido a clases de pequeña, por lo que me sentí muy cómoda.

Cuando Barry Weiss, ejecutivo de Jive Records, vino al

estudio, lo di todo. En ese momento le demostré de lo que era capaz.

El director del videoclip, Nigel Dick, estuvo abierto a mis ideas. Además de proponer que el timbre del instituto marcara el inicio del baile, también hice hincapié en que era importante que salieran chicos monos. Y también fue idea mía que lleváramos uniformes de instituto para dar más emoción al momento en que empezábamos a bailar en el exterior con ropa de calle. Incluso permitieron que la señorita Fe hiciera el papel de profesora. Me pareció tronchante verla con aquellas gafas de empollona y aquella ropa de profesora pasada de moda.

Grabar ese videoclip fue la parte más divertida de preparar aquel primer álbum.

Es muy probable que aquel fuera el momento de mi vida en que más pasión he sentido por la música. No me conocía nadie y no tenía nada que perder si metía la pata. El anonimato proporciona mucha libertad. Me plantaba delante de un público que no me había visto nunca antes y pensaba: «Todavía no sabéis quién soy». En parte resultaba liberador que no tuviera que preocuparme mucho por si cometía algún error.

Para mí, actuar no se trataba de posar y sonreír. Encima del escenario era como un jugador de baloncesto corriendo por la cancha. Dominaba el balón, dominaba la pista. No le tenía miedo a nada. Sabía cuándo lanzar a canasta.

A principios del verano, Jive me envió de gira por una serie de centros comerciales, ¡algo así como veintiséis! Promocionarse así no es muy divertido. Nadie sabía todavía quién era. Debía intentar venderme delante de gente que no tenía ningún interés en mí.

Mi comportamiento era inocente de verdad, no estaba actuando. No sabía lo que estaba haciendo. Simplemente decía: «¡Ey, hola! ¡Mis canciones son muy buenas! ¡Tenéis que escucharlas!».

Antes de que saliera el videoclip la mayoría de la gente no sabía ni qué cara tenía. Pero a finales de septiembre la canción ya estaba en la radio. Tenía dieciséis años cuando el 23 de octubre de 1998 el sencillo de «… Baby One More Time» llegó a las tiendas. Al mes siguiente se estrenó el videoclip y de repente empezaron a reconocerme allá donde fuera. El 12 de enero de 1999 apareció el álbum y vendió más de diez millones de copias en un periquete. Debuté en el número uno de la lista *Billboard 200* en Estados Unidos. Me convertí en la primera mujer en debutar con un sencillo y un álbum números uno a la vez. No podía ser más feliz. Y sentí que mi vida empezaba a abrirse. Ya no tuve que seguir cantando en centros comerciales.

Las cosas avanzaban muy deprisa. Me fui de gira con NSYNC, junto a mi viejo amigo de *El club de Mickey Mouse* Justin Timberlake. Viajábamos en autobuses. Siempre estaba con mis bailarines, Felicia o uno de mis dos agentes, Larry Rudolph y Johnny Wright. Contraté a un guardaespaldas llamado Big Rob que siempre fue increíblemente dulce conmigo.

Me convertí en una invitada habitual en el programa *Total Request Live* de la MTV. La revista *Rolling Stone* envió a David LaChapelle a Luisiana para que me fotografiara para el artículo de portada titulado «Inside the Heart, Mind & Bedroom of a Teen Dream» [«Dentro del corazón, la mente y la habitación de una adolescente de ensueño»]. Cuando se publicó aquel número de la revista, las fotografías causaron una gran controversia porque la imagen de la portada en la que aparecía en ropa interior sosteniendo un Teletubby resaltaba lo joven que era. Mi madre me expresó su preocupación, pero yo supe que quería volver a trabajar con David LaChapelle.

Cada día era distinto. ¡Tuve ocasión de tratar a tanta gente interesante! Justo cuando salió «Baby» conocí a la cantante y compositora Paula Cole en una fiesta en Nueva York. Tenía unos catorce años más que yo. Oh, Dios mío, la admiraba tanto, aunque al principio solo por su apariencia. Era una cosita diminuta con un melenón ondulado de color castaño que le caía por la espalda. No tenía ni idea de quién demonios era, solo sabía que era preciosa, con aquella energía y aquel aspecto tan increíbles.

Años después descubrí que también interpretaba unas canciones que me encantaban. Cuando oí su voz por primera vez, pensaba que tendría un aspecto totalmente distinto del que tenía. Al relacionar su cara angelical con la letra sexualmente explícita de «Feelin' Love», su cuerpo menudo con la fuerza de su voz en «I Don't Want to Wait», me di cuenta de lo poderoso que puede llegar a ser que las mujeres desafíen las expectativas.

10

Justin Timberlake y yo nos habíamos mantenido en contacto tras el programa *El club de Mickey Mouse* y disfrutamos del tiempo que pasamos juntos durante la gira de NSYNC. El hecho de haber compartido aquella experiencia siendo tan jóvenes nos daba ventaja. Teníamos tanto en común. Nos reencontramos cuando me uní a la gira y empezamos a pasar el rato juntos antes de los conciertos y luego también después. Muy pronto me di cuenta de que estaba perdidamente enamorada de él, tanto que resultaba patético.

Cada vez que coincidíamos parecíamos unos imanes, lo decía incluso su madre. Enseguida nos juntábamos y nos pegábamos el uno al otro. Teníamos una relación inexplicable. Para ser sincera, resultaba hasta inquietante lo enamorados que estábamos. Los miembros de su grupo de música, NSYNC, eran lo que la gente antes llamaba unos «malotes». Eran chicos blancos pero les encantaba el hip-hop. En mi opinión, eso era lo que les diferenciaba de los Backstreet Boys, que parecían posicionarse muy conscientemente como grupo de chicos blancos. Los componentes de NSYNC pasaban el rato con artistas negros. A veces me daba la sensación de que se esforzaban demasiado por encajar.

Un día J y yo estábamos en Nueva York visitando partes de la ciudad en las que yo no había estado nunca. De repente vimos a un tío que caminaba en dirección contraria a nosotros con un medallón enorme y ostentoso. Lo flanqueaban dos guardaespaldas enormes.

J se emocionó un montón y dijo bien fuerte:

—¡Oh, yeah, qué pasote, qué pasote! ¡Ginuwiiine! ¿Qué hay de nuevo, hermano?

Después de que Ginuwine siguiera su camino sin tan siquiera darse por enterado, Felicia imitó a J:

—¡Oh, yeah, qué pasote, qué pasote! ¡Ginuwiiine!

J ni siquiera parecía avergonzado. Se limitó a soportar sus burlas y a mirarla con cara de «Vale, que te den, Fe».

En aquel viaje fue cuando se compró su primer collar, una gran «T» de Timberlake.

A mí me costaba ser tan despreocupada como él. No podía evitar darme cuenta de que las preguntas que le hacían los presentadores de los programas de entrevistas eran muy diferentes a las que me formulaban a mí. Todos hacían comentarios extraños sobre mis pechos, todos querían saber si me había sometido a una operación de cirugía plástica.

Lidiar con la prensa podía ser incómodo, pero las galas de premios me llenaban de felicidad. La niña que era quedó entusiasmada al ver a Steven Tyler de Aerosmith por primera vez en la gala de los MTV Video Music Awards. Vi que llegaba tarde, ataviado con algo fantástico que recordaba la capa de un mago. Me quedé sin aliento. Me pareció surrealista conocerlo en persona. Lenny Kravitz también llegó tarde. Y de nuevo pensé: «¡Menuda leyenda! ¡Está lleno de verdaderas leyendas mire donde mire!».

Empecé a encontrarme con Madonna por todo el mundo. Fui a dar conciertos en Alemania e Italia y acabamos actuando en las mismas galas de premios europeas. Nos saludábamos como si fuéramos amigas.

En una gala de premios llamé a la puerta del camerino de Mariah Carey. La abrió y de dentro emergió la luz más hermosa y etérea. Ahora todos utilizamos aros de luz, pero hace más de veinte años solo los usaba Mariah Carey. Y no, no puedo llamarla solo por su nombre de pila. Para mí siempre será Mariah Carey.

Le pregunté si podíamos tomarnos una foto juntas y traté de hacerla allí mismo tal cual estábamos, pero ella me dijo: «¡No! Ponte ahí, querida. Esta es mi luz. Este es mi perfil. Quiero que te pongas ahí para que se vea mi lado bueno, niña». No dejaba de repetir lo mismo con su voz profunda y hermosa: «Mi *lado* bueno, niña. Mi lado *bueno*, niña».

Hice todo lo que Mariah Carey me pidió y nos tomamos una foto. Por supuesto llevaba razón en absolutamente todo: la foto quedó espectacular. Sé que aquella noche gané un premio, pero ni siquiera recuerdo cuál. Para mí el premio de verdad fue aquella foto perfecta con Mariah Carey.

Mientras tanto, yo batía récords, y me convertí en una de las cantantes femeninas más vendidas de todos los tiempos. La gente empezó a llamarme «la princesa del pop».

En la gala de los VMA del 2000 interpreté la canción «(I Can't Get No) Satisfaction», de los Rolling Stones, y luego «Oops!... I Did It Again», y a media actuación pasé de ir vestida con traje y sombrero a llevar la parte de arriba de un biquini y unos pantalones ajustados centelleantes y mi larga melena suelta. Wade Robson coreografió el número; siempre sabía cómo hacerme parecer fuerte y femenina a la vez. En las pausas del baile en la jaula, adopté poses que destacaban mi feminidad en medio de una actuación agresiva.

Más tarde, la MTV me sentó en directo frente a una pantalla y me hizo mirar a varios desconocidos que opinaban sobre mi actuación en Times Square. Algunos dijeron que había hecho un gran trabajo, pero la mayoría de ellos parecían más preocupados por el hecho de que hubiera actuado con ropa reveladora. Decían que me había vestido demasiado sexy y por ende estaba dando un mal ejemplo a los niños.

Las cámaras estaban fijas en mí, esperando a ver cómo iba a reaccionar ante aquellas críticas, si me las tomaría a bien o si me echaría a llorar. Me pregunté si había hecho algo malo. Solo había bailado con todo mi corazón en la gala de unos premios. Nunca había afirmado ser un modelo a seguir. Lo único que quería era cantar y bailar.

La presentadora del programa de la MTV siguió hurgando y me preguntó qué opinaba sobre las afirmaciones de algunos de los entrevistados de que estaba corrompiendo a la juventud de Estados Unidos.

Al final acabé respondiendo: «Algunos comentarios son muy amables… Pero no soy la madre de nadie. Simplemente tengo que ser yo misma. Sé que por ahí habrá gente que… Sé que no voy a gustar a todo el mundo».

Aquello me dejó conmocionada. Y fue la primera vez que sentí en mis propias carnes las reacciones negativas que me perseguirían durante años. Tenía la sensación de que cada vez que veía un programa de entretenimiento había siempre alguien atacándome, afirmando que no era auténtica.

Nunca supe muy bien qué esperaban todos esos críticos que hiciera. ¿Imitar a Bob Dylan? Era una chica adolescente del sur de Estados Unidos. Firmaba mi nombre con un corazón. Me gustaba ir mona. ¿Por qué todo el mundo me trataba, incluso de adolescente, como si fuera peligrosa?

Entretanto, empecé a darme cuenta de que cada vez había más hombres mayores entre mi público, y a veces se me ponían los pelos de punta al ver que me contemplaban con lascivia, como si para ellos fuera la encarnación de una especie de fantasía de Lolita, sobre todo porque nadie parecía capaz de verme como una persona sexy y a la vez capaz, con talento y a la vez con buen cuerpo. Era como si pensaran que por ser sexy tenía que ser estúpida. Que por tener buen cuerpo era inconcebible que tuviera talento.

Ojalá hubiera conocido entonces el comentario jocoso de Dolly Parton: «No me ofendo por todos los chistes sobre rubias tontas porque sé que no soy tonta. Y también sé que no soy rubia». Mi color de pelo real es negro.

Intenté encontrar la manera de protegerme el corazón de las críticas y centrarme en lo importante, así que empecé a leer libros religiosos, como por ejemplo la serie *Conversaciones con Dios* de Neale Donald Walsch. También empecé a tomar Prozac.

Cuando salió *Oops!... I Did It Again*, mi nombre era famoso y controlaba mi carrera. Más o menos en la época de mi primera gira mundial por *Oops!*, pude construirle una casa a mi madre y liquidar las deudas de mi padre. Quería que pudieran hacer borrón y cuenta nueva.

11

Apenas tenía tiempo para ensayar. Solo disponía de una semana para prepararme. Iba a actuar en el descanso de la Super Bowl de 2001 junto con Aerosmith, Mary J. Blige, Nelly y NSYNC. ¡Justin y el resto de miembros de su banda llevaban unos guantes especiales que disparaban chispas! Canté «Walk This Way» vestida con una versión sexy de un uniforme de fútbol americano: pantalones plateados brillantes, una camiseta corta y un calcetín deportivo en uno de los brazos. Me llevaron a la caravana de Steven Tyler para conocerlo justo antes del espectáculo, y desprendía una energía increíble: para mí era todo un ídolo. Cuando terminamos, el estadio se iluminó con fuegos artificiales.

Actuar en el descanso de la Super Bowl fue solo una de las infinitas cosas buenas que me estaban ocurriendo. Ocupé el puesto de «la mujer más poderosa» en la lista *Forbes* de las celebridades más poderosas; al año siguiente sería la número uno del total de la lista. Descubrí que algunos tabloides estaban ganando tanto dinero publicando fotos mías que en la práctica estaba manteniéndolos a flote. Y estaba empezando a recibir ofertas maravillosas.

En los MTV Video Music Awards de 2001 en el mes de septiembre, tenía previsto cantar «I'm a Slave 4 U», y decidimos que usaría una serpiente en la actuación. Se ha convertido en un momento icónico de la historia de los VMA, pero fue aún más aterrador de lo que pareció.

La primera vez que vi la serpiente fue cuando la llevaron a una pequeña habitación trasera de la Metropolitan Opera House en Manhattan, donde tendría lugar el espectáculo. La chica que la sostenía era todavía más menuda que yo; parecía muy joven, y era diminuta, con el pelo rubio. No podía creer que no se estuviera encargando de aquello un tío grande. Recuerdo que pensé: «¿Vais a dejar que dos chiquillas manejen esta serpiente gigantesca?».

Pero ahí estábamos, y no había marcha atrás: la chica alzó la serpiente y la colocó sobre mi cabeza y alrededor de mi cuerpo. Si he de ser sincera, estaba un poco asustada. Esa serpiente era enorme, amarilla y blanca, arrugada, de aspecto repugnante. Pude aguantarlo porque la chica que me la pasó estaba justo ahí, además de un adiestrador de serpientes y un grupo de personas.

Todo cambió, sin embargo, cuando me vi realmente en el escenario con la serpiente. Sobre el escenario, estoy en modo actuación: llevo el vestuario, y no hay allí nadie más que yo. Una vez más la chiquilla diminuta se acercó a mí y me colocó encima esa enorme serpiente, y todo lo que sabía era que debía bajar la mirada, porque sentía que, si la alzaba y encontraba sus ojos, me mataría.

Me decía a mí misma: «Simplemente actúa, limítate a usar tus piernas y actúa». Pero lo que nadie sabe es que, mientras cantaba, la serpiente puso la cabeza justo delante de mi cara y empezó a sisear. No viste esa toma en la televisión, pero ¿en la vida real? No dejé de pensar: «Joder, ¿pero esto va en serio? La serpiente me está sacando la puta lengua. En. Este. Momento». Finalmente, llegué a la parte en que me la quitaba de encima, gracias a Dios.

La noche siguiente, en el Madison Square Garden, en la ciudad de Nueva York, pocos días antes del 11 de septiembre, interpreté un dueto de «The Way You Make Me Feel» con Michael Jackson para celebrar el treinta aniversario de su carrera en solitario. Me paseé por todo el escenario con mis tacones. El público enloqueció. En un momento dado tuve la sensación de que toda la muchedumbre, compuesta por veinte mil personas, estaba cantando con nosotros.

Pepsi me contrató para que apareciera en sus anuncios. En «The Joy of Pepsi», al principio salía vestida como una conductora de reparto y de repente empezábamos a bailar una gran coreografía. En «Now and Then», tuve la oportunidad de llevar ropa mona de distintas épocas. Para la sección de los ochenta, me vistieron como Robert Palmer para cantar una versión de «Simply Irresistible». Me maquillaron y me peinaron durante cuatro horas, pero aun así no acabaron de conseguir que pareciera un hombre convincente. Pero en la parte de los cincuenta, me encantó bailar en una cafetería antigua. Me hicieron un peinado al estilo Betty Boop. Trabajando con todos aquellos géneros diferentes, quedé impresionada de lo bien pensados que estaban aquellos anuncios.

La primera película que hice fue *Crossroads: Hasta el final*, escrita por Shonda Rhimes y dirigida por Tamra Davis. La filmamos en marzo de 2001, por las mismas fechas en que estaba grabando el álbum *Britney*. En la película interpretaba a una niña buena llamada Lucy Wagner. Aquella experiencia no fue nada fácil para mí. No tuve ningún problema con las personas implicadas en la producción, sino con lo mucho que actuar me afectó al cerebro. Empecé a actuar siguiendo el Método, pero luego no supe cómo salir del personaje. Me convertí realmente en aquella otra persona. Muchos actores siguen el Método, pero la diferencia es que ellos suelen ser conscientes de que están actuando. Yo no sabía separar ambas cosas.

Me avergüenza decirlo, pero fue como si una nube o algo me envolviera y simplemente me convirtiera en esa chica llamada Lucy. Cuando la cámara grababa era ella, pero luego me volví incapaz de distinguir entre cuando estaba encendida o apagada. Sé que parece una tontería, pero es la verdad. Así de en serio me lo tomaba. Tan en serio que llegó un punto en que Justin me preguntó: «¿Por qué caminas así? ¿Quién eres?».

Solo puedo decir que menos mal que Lucy era una chica dulce que escribía poemas diciendo que ya no era una niña pero que todavía no era una mujer, y no una asesina en serie.

Terminé caminando diferente, adoptando una postura diferente, hablando diferente. Durante los meses que estuvimos grabando *Crossroads* me convertí en otra persona. Seguro que incluso a día de hoy las chicas con las que rodé la película piensan que soy un poco… peculiar. Y por aquel entonces tenían toda la razón.

Era una niña, igual que mi personaje. Debería haber actuado tal como era ante la cámara. Pero tenía tantas ganas de hacerlo bien que constantemente intentaba ahondar más en el personaje. Llevaba toda mi vida siendo yo misma, ¡tenía ganas de probar algo distinto! Pero debería haberme dicho que no era más que una película de adolescentes conduciendo por una carretera, no una historia profunda, y que me centrara en pasármelo bien.

Después de terminar la película, vino a visitarme una de mis amigas de una discoteca de Los Ángeles. Entramos en una farmacia CVS. Juro por Dios que simplemente entré en la tienda y empecé a charlar con ella mientras comprábamos, y de repente volví a ser yo misma. Cuando salí de allí por fin se había roto el hechizo en el que me había sumergido aquella película. Fue muy extraño. Mi espíritu volvió a tomar las riendas de mi cuerpo. Ir a comprar maquillaje con aquella amiga fue como agitar una varita mágica.

Entonces me cabreé.

Pensé: «Dios mío, ¿qué he estado haciendo durante estos últimos meses? ¿Quién soy?».

Aquello fue el principio del fin de mi carrera como actriz, y me sentí aliviada. Las finalistas para el papel de la protagonista de *El diario de Noa* fuimos Rachel McAdams y yo, y, a pesar de que hubiera sido divertido volver a encontrarme con Ryan Gosling tras nuestra época en *El club de Mickey Mouse*, me alegro de que no me eligieran. Si hubiera sucedido, en vez de trabajar en mi álbum *In the Zone* hubiera actuado día y noche como si fuera una rica heredera de la década de los cuarenta.

Estoy segura de que gran parte del problema se debía a

que aquella fue mi primera experiencia como actriz. Supongo que hay intérpretes que se han enfrentado a algo similar, que han tenido dificultades para separarse del personaje. Pero tengo la sensación de que siempre consiguen mantener la perspectiva. Espero no volver a verme expuesta a ese riesgo laboral nunca más. Vivir de esa manera, siendo mitad tú misma y mitad un personaje de ficción, es muy caótico. Al cabo de un tiempo ya no distingues entre lo que es real y lo que no.

12

Cuando pienso en aquel tiempo, me doy cuenta de que realmente estaba viviendo un sueño, mi sueño. Las giras me llevaron alrededor del mundo. Uno de mis momentos más felices estando de gira fue la actuación en el festival de música Rock in Rio 3, en enero de 2001.

En Brasil, me sentí liberada, en cierto modo como una niña. Una mujer y una niña, todo en uno. En ese momento nada me daba miedo, llena como estaba de fuerza e ímpetu.

Por la noche, mis bailarines —eran ocho: dos chicas y el resto chicos— y yo nadábamos desnudos en el océano, cantando, bailando y riéndonos. Charlábamos durante horas bajo la luna. Fue precioso. Exhaustos, nos dirigíamos a las saunas, donde seguíamos charlando.

Pude vivir un poco en pecado —nadando desnuda, quedándome levantada hasta tarde charlando—, pero sin pasarme. Fue una pizca de rebelión, de disfrute de libertad, pero solo estaba divirtiéndome y actuando como alguien de mi edad, diecinueve años.

La gira Dream Within a Dream Tour, justo después de que saliera mi álbum *Britney*, en otoño de 2001, fue mi cuarta gira y una de mis favoritas. Todas las noches, sobre el escenario, me enfrentaba al reflejo de mí misma en un espejo, cosa que probablemente fuera algún tipo de metáfora. Pero ese número del espejo era solo en una canción. ¡También volaba! ¡Y había una barcaza egipcia! ¡Y una selva! ¡Y láseres! ¡Y nieve!

Wade Robson la dirigió y coreografió, y no puedo por menos que reconocer el enorme mérito de todos los que intervinieron en el montaje. Me pareció todo muy bien pensado. Wade tenía un concepto para aquel espectáculo, quería que reflejara una nueva fase más madura de mi vida. El escenario y el vestuario eran muy ingeniosos. Siempre que alguien sabía peinarme y maquillarme me sentía muy agradecida.

Mostraron una gran inteligencia en la manera de presentarme como una estrella, y sé que les debo una. El modo en que supieron captarme revelaba que me respetaban como artista. Las mentes tras esas actuaciones fueron brillantes. Fue de lejos mi mejor gira.

Era lo que todos habíamos esperado. Yo había trabajado muy duro para llegar a ese momento. Había hecho giras por los centros comerciales antes del lanzamiento de *Baby*; después, durante la gira de *Baby*, por primera vez tuve ocasión de ver a un montón de gente como público. Recuerdo que pensé: «Guau, vaya, ahora soy alguien». Luego *Oops!* fue un poco más grande, de modo que, para cuando hice Dream Within a Dream Tour, todo era ya magia.

En la primavera de 2002, había aparecido como invitada en *Saturday Night Live* dos veces, interpretando a una muchacha batiendo mantequilla en un museo de recreación histórica colonial junto a Jimmy Fallon y Rachel Dratch, y luego a la hermana pequeña de Barbie, Skipper, con Amy Poehler como Barbie. Fui la persona más joven que acudió como invitada y actuó en el número musical en el mismo episodio.

Por aquellas fechas me preguntaron si me gustaría actuar en una película musical. No estaba segura de si quería volver a actuar después de *Crossroads: Hasta el final*, pero me sentí tentada por este proyecto. Se trataba de *Chicago*.

Algunos de los ejecutivos involucrados en la producción vinieron a verme en el recinto donde estaba actuando y me preguntaron si me gustaría participar. Había rechazado tres o cuatro películas porque estaba metida de lleno en mi espectáculo. No quería que nada me distrajera de la música. Estaba feliz con lo que estaba haciendo.

Pero ahora, echando la vista atrás, cuando pienso en *Chicago* siento que debería haber aceptado. Por aquel entonces tenía poder: ojalá hubiera sabido utilizarlo más a conciencia, ojalá hubiera sido más rebelde. Rodar *Chicago* hubiera sido divertido. Está llena de escenas de baile del tipo que más me gustan: con movimientos coquetos, femeninamente alocados, al estilo de The Pussycat Dolls, de esos de arrancarse el corsé. Ojalá hubiera aceptado aquella oferta.

Habría tenido que interpretar a una villana que mata a un hombre, que además canta y baila mientras lo hace.

Seguro que habría encontrado la manera o podría haberme formado para no acabar convertida por completo en un personaje de *Chicago* tal y como me había ocurrido con Lucy en *Crossroads: Hasta el final*.

Ojalá hubiera decidido intentar hacerlo de manera distinta. Ojalá hubiera sido lo bastante valiente como para no quedarme en mi zona de confort, ojalá me hubiera atrevido a hacer cosas más allá de lo que conocía. Pero estaba decidida a no agitar las aguas y a no quejarme incluso aunque algo me molestara.

En mi vida personal era muy feliz. Justin y yo vivíamos juntos en Orlando. Compartíamos una espléndida casa diáfana de dos pisos con un tejado de tejas y una piscina en la parte de atrás. A pesar de que ambos trabajábamos muchas horas, siempre sacábamos tiempo para estar juntos en casa tan a menudo como podíamos. Siempre regresaba cada pocos meses para que Justin y yo pudiéramos estar juntos durante dos semanas, a veces incluso durante dos meses seguidos. Era nuestro punto de encuentro.

Una vez, cuando Jamie Lynn todavía era pequeña, mi familia tomó un avión para venir a vernos. Fuimos todos juntos a la tienda de juguetes FAO Schwarz de Pointe Orlando. Cerraron la tienda entera para nosotros. Mi hermana eligió un coche descapotable en miniatura que tenía incluso puertas que se abrían de verdad. Estaba a medio camino entre un coche real y un kart. Nos las arreglamos para llevarlo a Kentwood y lo condujo por todo el vecindario hasta que se le quedó pequeño.

Verla de pequeña metida en aquel coche era todo un espectáculo: una niñita adorable conduciendo por todos lados con un Mercedes rojo. Era la cosa más adorable que había visto en toda mi vida. Lo juro por Dios, era una imagen maravillosa.

Así actuábamos todos con Jamie Lynn: lo ves, te gusta, lo quieres, lo tienes. Desde mi punto de vista, su mundo era como la canción «7 Rings» de Ariana Grande. (Cuando yo era una niña no teníamos dinero. Mis posesiones más preciadas eran mis muñecas Madame Alexander. Había docenas entre las que elegir. Abrían y cerraban los ojos, y todas tenían su propio nombre. Algunas encarnaban personajes de ficción o figuras históricas, como Scarlett O'Hara o la reina Isabel de Inglaterra. Tenía a todas las hermanas de *Mujercitas*. ¡Cuando conseguí mi decimoquinta muñeca, me alegré tanto como si me hubiera tocado la lotería!).

Aquella fue una de las buenas épocas de mi vida. Estaba tan enamorada de Justin, tan embelesada. No sé si cuando eres más joven el amor es diferente, pero lo que tuvimos fue especial. Justin ni siquiera necesitaba decir ni hacer nada para que me sintiera unida a él.

En el Sur, a las madres les encanta reunir a sus hijos y decirles: «Escuchadme todos, hoy vamos a ir a la iglesia vestidos a juego». Eso es justo lo que hice cuando asistí con Justin a los American Music Awards de 2001, que presenté junto a LL Cool J. Todavía no puedo creerme que Justin pensara ir en vaqueros y que yo le propusiera: «¡Deberíamos ir iguales! ¡Los dos vestidos con tela vaquera de pies a cabeza!».

La verdad es que al principio pensé que se quedaría en una broma. No creía que mi estilista estuviera dispuesto a hacerlo, y nunca me hubiera imaginado que Justin accediera a ello. Pero ambos lo dieron todo.

El estilista le trajo un conjunto de tela vaquera, incluyendo un sombrero vaquero a juego con su chaqueta vaquera y sus pantalones vaqueros. Cuando Justin se lo puso pensé: «¡Vaya! ¡Vamos a hacerlo de verdad!».

Justin y yo siempre acudíamos juntos a los eventos. Nos lo pasábamos en grande en los Teen Choice Awards, y más de una vez nos vestimos del mismo color. Pero con lo de la tela vaquera se nos fue la pinza. Aquella noche llevaba el corsé tan apretado debajo del vestido vaquero que casi me caigo.

Entiendo que fue un poco hortera, pero en parte también fue bastante genial, y siempre me hace gracia ver que la gente nos parodia disfrazándose por Halloween. Justin recibió muchas críticas por aquel conjunto. En un pódcast donde se estaban burlando de él por aquel modelo, comentó: «Haces muchas cosas cuando eres joven y estás enamorado». Y tiene toda la razón. Vivíamos de manera desenfadada y aquella ropa lo reflejaba.

En un par de ocasiones durante nuestra relación supe que Justin me había puesto los cuernos. Decidí obviarlo sobre todo porque estaba locamente enamorada de él, aunque los tabloides parecían decididos a restregármelo por la cara. Cuando NSYNC viajó a Londres en el año 2000, los fotógrafos lo pillaron con una de las chicas de All Saints en un coche. Pero nunca dije nada. En aquel momento apenas llevábamos un año juntos.

En otra ocasión, estábamos en Las Vegas, y uno de mis bailarines que había estado pasando el rato con Justin me contó que le había señalado una chica y le había dicho que se la había cepillado la noche anterior. No quiero revelar de quién estaba hablando porque realmente es muy famosa, está casada y tiene hijos. No quiero hacerla sentir mal.

Mi amigo se sorprendió mucho y estaba convencido de que Justin solo lo había dicho porque estaba drogado y le apetecía fanfarronear. Corrían rumores de que se había acostado con varias bailarinas y admiradoras. Lo obvié todo, pero era evidente que iba de flor en flor. Era una de esas cosas que sabes pero te callas.

Así que yo hice lo mismo. No mucho, solo una vez con Wade Robson. Salimos una noche y terminamos en un bar latino. Bailamos durante horas. Aquella noche me enrollé con él.

Fui fiel a Justin durante años, solo tenía ojos para él salvo aquella única excepción que ya le confesé en su momento. Achacamos aquella noche a cosas que pasan cuando eres tan joven como lo éramos nosotros, así que ambos decidimos olvidarlo y continuar con nuestra relación. Pensaba que permaneceríamos juntos para siempre. O por lo menos esperaba que así fuera.

Mientras estábamos saliendo, me quedé embarazada de Justin. Fue toda una sorpresa, pero para mí no fue ninguna tragedia. Quería a Justin con locura. Siempre me había imaginado que formaríamos una familia juntos. Simplemente había ocurrido más temprano de lo que esperaba. Además, a lo hecho pecho.

Pero Justin no se tomó la noticia del embarazo demasiado bien. Dijo que no estábamos listos para tener un bebé en nuestras vidas, que éramos demasiado jóvenes.

Lo entendí. Es decir, lo entendí hasta cierto punto. Pero

si Justin no quería convertirse en padre, entonces no me quedaban muchas opciones. No quería forzarlo a hacer algo que no quisiera. Así de importante era nuestra relación para mí. Y sé que habrá gente que me odie por ello, pero accedí a no tener el bebé.

Nunca me había imaginado que decidiría abortar, pero dadas las circunstancias eso fue lo que hice.

No sé si aquella fue la decisión adecuada. Si hubiera dependido solo de mí, no lo hubiera hecho. Sin embargo, Justin estaba completamente seguro de que no quería ser padre.

Además, tomamos otra decisión que en retrospectiva, y según mi punto de vista, fue equivocada: no acudimos a ningún médico ni hospital para que me practicaran el aborto. Era de vital importancia que nadie se enterara del embarazo ni del aborto, así que la única solución fue hacerlo todo en casa.

Ni siquiera se lo conté a mi familia. La única persona que lo supo además de Justin y yo fue Felicia, que siempre estaba a mi lado para ayudarme. Me dijeron que quizá me dolería un poco, pero que todo iría bien.

El día indicado, con la sola presencia de Felicia y Justin, me tomé las pastillas. Enseguida empecé a notar unos calambres insoportables. Me metí en el baño y me quedé allí dentro durante horas, tumbada en el suelo, sollozando y gritando. Recuerdo que pensé que deberían haberme dado algo para adormecerme. Quería algún tipo de anestesia. Quería ir al médico. Estaba tan asustada. Me quedé allí tumbada preguntándome si me iba a morir.

Cuando digo que fue doloroso… es que ni siquiera puedo empezar a describirlo. El dolor era inimaginable. Me hundí de rodillas en el suelo, apoyándome en el inodoro. Fui incapaz de moverme durante mucho rato. Incluso a día de hoy es una de las experiencias más agonizantes que he vivido en mi vida.

Aun así no me llevaron al hospital. Justin entró en el baño y se tumbó en el suelo conmigo. En algún momento pensó que la música quizá me ayudaría, así que fue a buscar la guitarra y se quedó allí en el suelo conmigo, rasgueándola.

Seguí llorando y sollozando hasta que todo acabó. Duró horas y no recuerdo cómo terminó, pero a día de hoy, veinte años más tarde, sí que recuerdo el dolor y el miedo que sentí.

Después de aquello estuve hecha un lío, sobre todo porque todavía quería tantísimo a Justin. Era una locura lo mucho que lo quería, y para mí acabó siendo una desgracia.

Debería haber visto venir la ruptura, pero no fue así.

13

Cuando Justin se puso a trabajar en su primer álbum en solitario, *Justified*, empezó a distanciarse de mí. Creo que fue porque había decidido utilizarme como munición para su disco y por lo tanto le resultaba extraño estar cerca de mí viendo cómo lo miraba con todo mi afecto y devoción. Al final terminó la relación con un mensaje de texto mientras yo estaba rodando el videoclip de la remezcla de «Overprotected» con Darkchild. Tras ver el mensaje sentada en mi caravana entre toma y toma, tuve que volver a salir ahí fuera y bailar.

Por mucho que Justin me hubiera hecho daño, nuestra relación estaba cimentada en el amor, y cuando me dejó me sentí devastada. Y cuando digo devastada me refiero a que apenas pude hablar durante meses. Cada vez que alguien me preguntaba por él no podía más que llorar. No sé si estaba clínicamente en shock, pero me sentía como si lo estuviera.

Todas las personas que me conocían sabían que estaba mal, realmente mal. Regresé a Kentwood, pero me sentía incapaz de hablar con mi familia y mis amigos. Apenas salía de casa. Así de hundida estaba. Me tumbaba en la cama y me quedaba mirando al techo.

Justin vino en avión hasta Luisiana para visitarme. Me trajo una larga carta que había escrito y enmarcado. Todavía la guardo debajo de mi cama. Terminaba diciendo (aún me entran ganas de llorar cuando lo recuerdo): «No puedo respirar sin ti». Esas eran las últimas palabras de la carta.

Al leerlo pensé: «Joder, qué bien escribe». Porque me sentía justamente así. Casi como si me estuviera asfixiando, como si no pudiera respirar, después de todo lo que había ocurrido. Sin embargo, la cuestión es que incluso después de verlo y leer la carta no salí de aquel trance. Hizo todo aquello, vino hasta allí para verme, y aun así seguía siendo incapaz de hablar con él ni con nadie.

14

A pesar de que lo que menos me apetecía era actuar, todavía me quedaban algunos conciertos de gira por contrato, así que los hice. Lo único que quería era dejar la carretera: tener días y noches enteras para mí misma. Pasear por el muelle de Santa Mónica y respirar el aire salado, escuchar el traqueteo de la montaña rusa, contemplar el océano. En cambio, cada día era demoledor. Cargar. Descargar. Prueba de sonido. Sesión de fotos. Preguntar en qué ciudad estábamos.

Al principio me encantaba la gira Dream Within a Dream Tour, pero al final se me hizo cuesta arriba. Estaba cansada mental y físicamente. Quería dejarlo todo. Había empezado a fantasear con abrir una tiendecita en la zona de Venice Beach con Felicia y abandonar por completo el mundo del espectáculo. Viéndolo ahora con perspectiva, comprendo que no me di el tiempo que necesitaba para sanar tras la ruptura con Justin.

A finales de julio de 2002, justo al término de la gira, nos dirigimos al sur para actuar en Ciudad de México. Pero llegar hasta allí casi acabó en un desastre.

Viajábamos en furgonetas, y, una vez cruzada la frontera, tuvimos que parar de repente. Nos había detenido un grupo de tíos con las armas más grandes que había visto en mi vida. Estaba aterrorizada; parecía que nos hubieran tendido una emboscada. No le veía el menor sentido, solo sabía que estábamos rodeados por estos tíos tan cabreados. En mi furgoneta, todo el mundo estaba tenso; me acompañaba personal de seguridad, pero quién podía saber lo que iba a suceder. Tras lo que pareció una eternidad, hubo algún tipo de conversaciones de paz. Era como una película. Todavía me resulta un misterio qué sucedió realmente, pero al final nos permitieron continuar, y llegamos a actuar ante cincuenta mil personas (aunque el segundo concierto, al día siguiente, fue cancelado a mitad de la actuación por una imponente tormenta).

Aquella función cancelada era la última de la Dream Within a Dream Tour, pero cuando le dije a la gente al final de la gira que quería descansar, todo el mundo se puso nervioso. Cuando tienes éxito en algo, hay una enorme presión para que continúes, incluso aunque ya no lo estés disfrutando. Y, como pronto descubriría, nunca se puede regresar realmente a casa.

Concedí una entrevista a la revista *People* en Luisiana, aunque los motivos para ello me parecieron ridículos: no estaba promocionando nada, pero mi equipo consideró que tenía que mostrar que me encontraba bien y que solo me estaba tomando un pequeño descanso.

El fotógrafo me retrató fuera y luego dentro de casa con los perros y mi madre en el sofá. Me hicieron vaciar el bolso para demostrar que no llevaba ni drogas ni tabaco: lo único que encontraron fue un chicle de Juicy Fruit, perfume de vainilla, caramelos mentolados y una botellita de hierba de San Juan.

—Mi hija está de maravilla —dijo mi madre al periodista en confianza—. Nunca jamás ha estado al borde de una crisis nerviosa.

Lo que hizo en parte que aquella época resultara tan complicada fue que la familia de Justin había sido la única familia real y cariñosa que había tenido nunca. En vacaciones, solo íbamos a visitar a su familia. Conocía a su abuela y a su abuelo, los quería muchísimo. Los consideraba mi hogar. Mi madre se subía en un avión y nos visitaba de vez en cuando, pero yo nunca acudía a ella cuando buscaba mi hogar.

Intentaba recuperarse tras su divorcio con mi padre, que por fin había finalizado: estaba deprimida y se automedicaba, apenas podía levantarse del sofá. Mi padre estaba desaparecido. Y mi hermana pequeña…, bueno, cuando digo que era una zorra en toda regla, no estoy exagerando.

Siempre me mantuve centrada en el trabajo. Mientras estaba en la carretera de gira con Felicia no presté mucha atención a lo que ocurría en Kentwood. Pero cuando volví a casa vi que las cosas habían cambiado. Mi madre servía a Jamie Lynn mientras esta miraba la tele, le traía batidos de chocolate. Estaba claro que aquella chica llevaba la voz cantante en casa.

Entretanto era como si yo fuera un fantasma. Recuerdo entrar en una habitación y sentir que nadie me veía. Jamie

Lynn solo tenía ojos para la televisión. Mi madre, que tiempo atrás había sido la persona con quien más vinculada me había sentido, estaba en otro planeta.

Y la manera en que la Jamie Lynn adolescente hablaba a mi madre me dejaba boquiabierta. Recuerdo oírla escupir aquellas palabras hirientes y girarme hacia mi madre y decirle: «¿Vas a permitir que esa bruja te hable así?». En serio, era muy mala.

Me sentía traicionada por lo mucho que había cambiado Jamie Lynn. Le había comprado una casa donde pudiera crecer. Pero no estaba precisamente agradecida por ello. Más tarde diría: «¿Por qué nos compró una casa?», como si fuera una especie de imposición. Pero aquella casa había sido un regalo. La compré porque nuestra familia necesitaba una casa nueva y quería que Jamie Lynn tuviera una vida mejor de la que yo había tenido.

Mi vida en Luisiana pasó sin pena ni gloria. Sentía que no tenía a nadie con quien hablar. Me di cuenta de que pasar por aquella ruptura y regresar a casa, y ver lo mucho que todo había cambiado y que ya no encajaba allí técnicamente significaba que estaba creciendo, convirtiéndome en una mujer. Y, sin embargo, en realidad era casi como si al mismo tiempo estuviera yendo marcha atrás y me estuviera volviendo cada vez más pequeña dentro de mi cabeza. Supongo que todo el mundo conoce la película de *El curioso caso de Benjamin Button*. Así era como me sentía. Aquel año, al volverme más vulnerable, en cierto modo volví a sentirme como una niña.

15

Para recuperar la seguridad en mí misma, en septiembre de 2002 fui a Milán a visitar a Donatella Versace. Aquel viaje me vigorizó, me hizo recordar que aún existía la diversión en el mundo. Bebimos un vino estupendo y comimos una comida deliciosa. Donatella fue una anfitriona muy dinámica. Esperaba que todo cambiara un poco a partir de aquel momento.

Me había invitado a Italia para asistir a uno de sus desfiles. Me proporcionó un vestido arcoíris brillante precioso. Se suponía que iba a cantar pero no me sentía con fuerzas, así que, después de posar un poco, me dijo que podríamos tomárnoslo con calma. Hizo sonar mi versión de la canción «I Love Rock 'n' Roll» de Joan Jett, saludé a los y las modelos, y asunto concluido.

Luego llegó la hora de la fiesta. Donatella es famosa por sus lujosas fiestas, y esta no fue una excepción. Recuerdo que vi allí a Lenny Kravitz, entre toda esa gente tan guay. Aquella fiesta fue realmente la primera vez que me expuse en público después de la ruptura con Justin: sola, inocente.

Durante la velada, me fijé en un chico y recuerdo que pensé que era muy mono. Por su aspecto, probablemente era brasileño: pelo oscuro, guapo, fumando un porro. El prototipo de «malote». No se parecía en nada a los tipos de actor de Los Ángeles que había conocido; era más bien un hombre real, la clase de hombre con el que compartes solo una noche. No era más que sexo.

Cuando me fijé en él, estaba hablando con dos chicas, pero noté que quería hablar conmigo.

Al final, empezamos a charlar, y decidí que quería tomarme unas copas con él en mi hotel. Nos dirigimos a mi coche, pero, en el camino, algo hizo que perdí el interés. Sinceramente, ni siquiera recuerdo qué fue, pero se trató de una menudencia que realmente me sacó de mis casillas, así que le dije al chófer que parara y, sin mediar palabra, eché al tío del coche de una patada y lo dejé en un lado de la carretera.

Ahora que soy madre, jamás haría algo semejante. Más bien le diría: «Te voy a dejar en este sitio en este instante...». Pero entonces, con veinte años, fue puro instinto. Cometí un gran error al permitir que un desconocido entrara en mi coche, pero lo saqué de una patada.

Poco después de mi regreso, Justin empezó a preparar el lanzamiento de su primer álbum en solitario, *Justified*. En el programa de televisión *20/20* tocó para la presentadora Barbara Walters una canción que todavía no había estrenado titulada «Don't Go (Horrible Woman)» que parecía hablar sobre mí: «I thought our love was so strong. I guess I was dead wrong. But to look at it positively, hey girl, at least you gave me a song about another Horrible Woman».[*]

Menos de un mes después lanzó el videoclip de su canción «Cry Me a River», en el que una mujer que se parece mucho a mí le pone los cuernos y él se pasea bajo la lluvia con cara triste. En los medios de comunicación me describieron como una ramera que había roto el corazón del chico favorito de Estados Unidos. Pero la realidad era que yo estaba comatosa en Luisiana mientras que él campaba felizmente por Hollywood.

Solo diré que Justin nunca mencionó todas las múltiples veces que él me engañó ni en su polémico álbum ni en las entrevistas.

Hollywood siempre ha sido más permisivo con los hombres que con las mujeres. Y soy consciente de que se anima a los hombres a hablar mal de las mujeres para volverse famosos y poderosos. Pero me quedé destrozada.

La idea de que yo lo hubiera traicionado creó más expectación para el álbum, le dio un propósito: echar pestes de una mujer infiel. Por aquel entonces al mundo del hip-hop le encantaban las historias de amor con la temática de «¡Que te den, zorra!». Vengarse de una mujer por lo que se percibía como una falta de respeto estaba de moda. La violenta canción de revancha de Eminem titulada «Kim» lo estaba petando. El único problema con el relato era que, en nuestro caso, no era cierto.

«Cry Me a River» funcionó muy bien. Todo el mundo sentía mucha pena por él. Y me demonizaba a mí.

---

[*] «Creí que nuestro amor era muy fuerte. Supongo que me equivoqué por completo. Pero mirándolo por el lado bueno, ey chica, por lo menos me diste una canción sobre otra Mujer Horrible». *(N. de las T.)*.

En aquel momento sentí que no tenía manera de contar mi versión de la historia. No podía explicarla porque sabía que nadie se pondría de mi parte después de que Justin hubiera convencido a todo el mundo de que su versión era la verdadera. Creo que Justin no se dio cuenta del poder que tenía para demonizarme. Creo que todavía a día de hoy no lo ha entendido.

Después del lanzamiento de «Cry Me a River», allá donde iba me abucheaban. Entraba en una discoteca y oía los abucheos. Una vez fui a un partido de los Lakers con mi hermana pequeña y uno de los amigos de mi hermano, y todo el recinto, el estadio entero, me abucheó.

Justin contó a todo el mundo que habíamos mantenido relaciones sexuales, cosa que ciertas personas señalaron que no solo me retrataba como una zorra adúltera sino también como mentirosa e hipócrita. Dado que tenía tantos fans adolescentes, mis agentes y asesores de prensa llevaban tiempo presentándome como la virgen eterna: daba igual que Justin y yo viviéramos juntos y que hubiera estado manteniendo relaciones sexuales desde los catorce años.

¿Me enfadé por el hecho de que Justin revelara que era sexualmente activa?

No. Siendo sincera, me alegré de que lo contara. ¿Por qué mis agentes se esforzaron tanto por afirmar que era una chiquilla virgen incluso cuando ya tenía más de veinte años? ¿Qué más daba si había mantenido relaciones sexuales o no?

Valoré mucho que Oprah me dijera en su programa que mi sexualidad no era asunto de nadie, y sobre el tema de mi virginidad afirmó: «No tienes que hacer un comunicado mundial si cambias de opinión».

Sí, como adolescente le seguí la corriente a ese relato porque todo el mundo estaba haciendo una montaña de aquello. Sin embargo, pensándolo bien, fue bastante estúpido por parte de los demás que describieran mi cuerpo de aquella manera, que me señalaran y dijeran: «¡Mirad! ¡Una virgen!». No era asunto de absolutamente nadie. Y desviaba la atención de mi trabajo como músico y artista. Ponía mucho esfuerzo en mi música y mis actuaciones sobre el escenario. Pero a ciertos periodistas solo se les ocurría preguntarme si mis pechos eran naturales (efectivamente, lo eran) y si tenía el himen intacto.

El hecho de que Justin admitiera ante todo el mundo que habíamos mantenido relaciones sexuales rompió el hielo y me ahorró tener que anunciar en algún momento que no era virgen. No me molestó en absoluto que contara que nos habíamos acostado, y lo he defendido ante la gente que lo ha criticado por ello. Algunos lo tacharon de irrespetuoso cuando habló de mi sexualidad. Pero a mí me gustó. Para mí fue como si hubiera dicho: «Es una mujer. No, no es virgen. Callaos de una vez».

De pequeña siempre me sentí culpable, cargué con mucha vergüenza, tenía la sensación de que mi familia creía que yo era simplemente mala. En cierto modo sentía que la tristeza y la soledad que me atenazaban eran culpa mía, que merecía ser infeliz y tener mala suerte. Sabía que en realidad nuestra relación no se parecía en nada a lo que se estaba retratando en los medios, pero aun así pensaba que si estaba sufriendo debía de ser porque me lo merecía. Por supuesto que había hecho cosas malas a lo largo del camino. Creo en el karma, así que cada vez que me ocurre algo malo asumo que es simplemente la ley del karma pasándome factura.

Siempre he sido empática hasta un punto casi preocupante. Puedo sentir a nivel subconsciente los sentimientos de alguien de Nebraska aunque esté a miles de kilómetros de distancia. A veces a las mujeres se les sincroniza el periodo: en mi caso es como si estuviera constantemente sincronizándome con las emociones de las personas de mi alrededor. No sé cuál sería el mejor término hippy para denominarlo: consciencia cósmica, intuición, conexión psíquica. Lo único que sé con seguridad es que soy capaz de sentir la energía de los demás. No puedo evitarlo.

Que no cunda el pánico, no voy a pasarme el resto del libro hablando sobre temas New Age.

Solo un par de minutos más.

Porque la cuestión es que era muy sensible y muy joven, y todavía estaba alterada por el aborto y la ruptura: no supe lidiar bien con la situación. Justin me pintó como la mala de nuestra relación y yo me lo creí, así que desde entonces he tenido la sensación de sufrir una especie de maldición.

Y, sin embargo, también empecé a albergar la esperanza de que si aquello era verdad, si tenía tanto mal karma, quizá dependía de mí como persona adulta, como mujer, revertir mi suerte y atraer la buena fortuna.

No podía soportarlo más, así que me escapé a Arizona con una amiga. Dio la casualidad de que esa amiga había estado saliendo con el mejor amigo de Justin, y todos habíamos roto más o menos por la misma fecha, así que decidimos hacer un viaje por carretera para salir de todo aquello. Nos encontramos y decidimos que dejaríamos todo atrás.

Debido a lo que había sufrido, mi amiga también tenía el corazón roto, así que hablamos mucho, dimos rienda suelta a nuestro dolor y nuestra soledad, y me sentí muy agradecida por su amistad.

El cielo estaba repleto de estrellas mientras conducíamos a toda velocidad por el desierto en un descapotable con la capota bajada, el pelo ondeando al viento, sin nada de música, solo el sonido de la noche pasando junto a nosotras.

Mientras contemplábamos la carretera que se extendía ante nosotras, me sobrevino una sensación inquietante. Llevaba tanto tiempo moviéndome tan deprisa que nunca podía detenerme a recobrar el aliento. Pero entonces, en aquel momento, sentí que algo me llenaba el alma: una belleza absoluta, mística, que me hizo sentirme pequeña. Miré a mi amiga preguntándome si debía decir algo. Pero ¿qué podía decir? «¿Crees en los alienígenas?». Así que me quedé calla da durante un buen rato mientras me invadía aquel senti miento.

Entonces escuché su voz por encima del viento.

—¿Lo notas? —me preguntó. Me miró—. ¿Qué es?

Fuera lo que fuera, ella también lo sentía.

Le tomé la mano y se la apreté con fuerza.

El poeta Rumi dice que la herida es el lugar por donde entra la luz. Siempre he creído que es verdad. Lo que sentimos aquella noche en Arizona, lo sentimos en aquel momento porque lo necesitábamos. Estábamos descarnadas y completamente abiertas a nivel espiritual. Nos enseñó que existen más cosas de las que vemos, llámalo Dios, poder superior o experiencia paranormal. Fuera lo que fuera, fue lo bastante real como para que ambas lo experimentáramos a la vez. Cuando empecé a sentirlo no quise decírselo a mi amiga porque me producía vergüenza. Tenía miedo de que pensara que había perdido la cabeza.

Fueron tantas las ocasiones en las que tuve miedo de hablar porque me aterraba que alguien pensara que estaba loca. Pero ahora ya he aprendido la lección, por las malas. Tienes que decir lo que sientes incluso aunque te dé miedo. Tienes que contar tu historia. Tienes que alzar tu voz.

Todavía me quedaba mucho por descubrir aquella noche que estaba perdida y sentí a Dios en el desierto. Pero sabía que no permitiría que la oscuridad me consumiera. Incluso en la noche más oscura se puede encontrar mucha luz.

16

Justin terminó acostándose con seis o siete chicas durante las semanas siguientes a nuestra ruptura oficial, o eso me contaron. Oye, lo entiendo, era Justin Timberlake. Esta era la primera vez que iba en solitario. Era el sueño de toda chica. Yo estuve enamorada de él y comprendía la obsesión que la gente tenía con él.

Decidí que si Justin iba a enrollarse con otras, yo también debía intentar salir por ahí. Había pasado un tiempo sin quedar con nadie porque tenía el corazón roto y estaba de gira. Aquel invierno vi a un tío que me pareció guapo, y un amigo, promotor de una discoteca, me dijo que tenía buen gusto.

—¡Ese tío es muy guay! —me dijo mi amigo—. Se llama Colin Farrell y justo ahora está rodando una película.

Bueno, pues le eché un par de huevos. Me subí a mi coche y me acerqué al plató de su película de acción, *S.W.A.T.: Los hombres de Harrelson*. Pero ¿quién me había creído yo que era?

No había seguridad ni nada parecido, así que entré directa al plató de rodaje, donde estaban montando el escenario de una casa, y el director al verme me dijo que me sentara en su silla.

—Vale —respondí y me senté a mirar mientras rodaban.

Colin se acercó y me preguntó si tenía alguna indicación que darle. Estaba invitándome a que le dirigiera.

Acabamos teniendo dos semanas de refriega. «Refriega» es la palabra más acertada. Nos pasábamos el tiempo el uno encima del otro tan apasionadamente como si lucháramos cuerpo a cuerpo en una pelea callejera.

Durante la época en la que estuvimos divirtiéndonos juntos, me llevó al estreno de un thriller de espías en el que había actuado con Al Pacino y que se llamaba *La prueba*. Me encantó que me pidiera que lo acompañara. Fui con la parte de arriba de un pijama. Creía que era una camisa de vestir porque tenía unas tachuelas muy chiquititas, pero cada vez que veo esas fotos pienso: «Sí, fijo que llevé la parte de arriba de un pijama al estreno de Colin Farrell».

Estaba entusiasmadísima por acudir al estreno. La familia de Colin al completo también había ido y fueron muy simpáticos conmigo.

Como otras veces en las que me había sentido muy unida a un hombre, me convencí a mí misma en todos los aspectos de que no era tan importante, de que solo nos estábamos divirtiendo, de que en este caso me encontraba vulnerable porque no había superado aún lo de Justin. Pero por un breve periodo de tiempo sí que creí que ahí podía haber algo.

Las decepciones en mi vida amorosa no eran más que una parte de lo aislada que me quedé. Me sentía muy violenta todo el tiempo.

Me esforzaba por socializar. Natalie Portman —a la que había conocido cuando éramos niñas en el circuito teatral de Nueva York— y yo llegamos a organizar juntas una fiesta de Fin de Año.

Pero me costaba una barbaridad. La mayoría de los días no conseguía llamar ni siquiera a una amiga por teléfono. La idea de salir y enfrentarme a estar en el escenario, en discotecas, incluso en fiestas o cenas, me aterrorizaba. Sentirme bien con grupos de otras personas era algo raro. La mayoría de las veces sufría mucha ansiedad social.

La ansiedad social funciona de manera que lo que le parece a la mayoría de la gente una conversación totalmente normal a ti te resulta mortificante. Estar rodeada de personas, en especial en una fiesta o en cualquier otro tipo de situación donde se espera que ofrezcas una buena presencia, provoca ataques de vergüenza sin motivo aparente. Tenía miedo de que me juzgaran o de decir alguna estupidez. Cuando sufro esa sensación, quiero estar sola. Me asusto y me entran ganas de excusarme para ir al lavabo y luego escaparme.

Oscilaba entre ser social y estar increíblemente aislada. No dejaba de oír que parecía muy segura de mí misma. A todo el mundo le costaba imaginar que alguien capaz de actuar ante miles de espectadores se dejase llevar por el pánico cuando estaba fuera del escenario con una o dos personas.

La ansiedad es así de extraña. Y la mía aumentó cuando me quedó claro que hiciera lo que hiciese —incluso lo que ni siquiera había hecho— salía en primera página. Esas historias a menudo iban acompañadas de fotos poco favorecedoras que me sacaban cuando menos lo esperaba. Yo ya estaba diseñada para preocuparme por lo que los demás pensaran de mí, pero el foco nacional convirtió esa tendencia natural a la preocupación en algo insoportable.

Mientras que las noticias sobre mí no solían ser precisamente de buen rollo, la prensa del espectáculo estaba llena de historias positivas de Justin y Christina Aguilera. Justin salió en la portada de *Rolling Stone* medio desnudo. Christina salió en la portada de *Blender*, vestida como una madame del Viejo Oeste. Salieron los dos juntos en la portada de *Rolling Stone*, él con una camiseta sin mangas negra, mirándola con deseo, y ella de cara a la cámara, vestida con una camiseta negra con cordones abiertos. En aquel artículo, ella decía que pensaba que Justin y yo teníamos que volver a estar juntos, lo que me desconcertó, dado lo negativa que se había mostrado en otros lugares.

Ver a personas que había conocido tan íntimamente hablando de mí de esa manera en la prensa me hacía daño. Incluso aunque su intención no fuese ser crueles, era como si metieran el dedo en la llaga. ¿Por qué era tan fácil para todo el mundo olvidarse de que yo era un ser humano, lo bastante vulnerable para que aquellas palabras me marcaran?

En un momento en el que quería desaparecer, me encontré viviendo sola en la ciudad de Nueva York en un piso de un edificio de cuatro plantas, en el NoHo, donde antes vivía Cher. Tenía los techos altos, una terraza con vistas al Empire State y una chimenea mucho más elegante que la del salón de nuestra casa en Kentwood. Habría sido un apartamento de ensueño como base de operaciones para explorar la ciudad, pero casi nunca salía de allí. Una de las pocas veces que lo hice, un hombre detrás de mí en un ascensor dijo algo realmente divertido. Al darme la vuelta, vi que se trataba de Robin Williams.

En una ocasión, me di cuenta de que había perdido la llave del apartamento. Podía decirse que era la mayor estrella aquí en la tierra, y ni siquiera tenía una llave para entrar en mi apartamento. Qué pedazo de idiota. Estaba atascada, emocional y físicamente; sin una llave no podía ir a ningún sitio. Tampoco me apetecía comunicarme con nadie. No tenía nada que decir. (Pero créeme que ahora siempre tengo conmigo la llave de mi casa).

No iba al gimnasio. No salía a comer por ahí. Solo hablaba con mi guardaespaldas y Felicia, que —ahora que ya no necesitaba acompañante al no ser menor— se había convertido en mi asistente y todavía era mi amiga. Desaparecí de la faz de la Tierra. Pedía siempre comida a domicilio. Y esto probablemente suene raro, pero me iba bien quedarme en casa. Me gustaba estar allí. Me sentía a salvo.

En ocasiones muy puntuales, salía. Una noche me puse un vestido de Bebe de ciento veintinueve dólares y tacones altos, y mi prima me llevó a una discoteca underground muy sexy con techos bajos y paredes rojas. Le di dos caladas a un porro, la primera vez que fumaba hierba. Más tarde, volví a casa andando para conocer la ciudad, y me rompí uno de los tacones en el camino. Cuando llegué a mi apartamento, salí a la terraza y estuve horas mirando las estrellas. En ese momento, sentí que me fundía con Nueva York.

Una de mis pocas visitas durante aquel periodo extraño y surrealista fue Madonna. Entró en el piso y, por supuesto, enseguida se hizo con la habitación. Recuerdo haber pensado: «Ahora es la habitación de Madonna». Asombrosamente guapa, rezumaba fuerza y seguridad. Fue directa a la ventana, miró al exterior y dijo:

—Bonitas vistas.

—Sí, son bonitas, supongo —contesté.

La enorme seguridad de Madonna me ayudó a ver gran parte de mi situación con otros ojos. Creo que seguramente intuyó por lo que estaba pasando. Necesitaba que me guiaran un poco en aquella época. Había mucha confusión en mi vida y ella intentó orientarme.

En algún momento, hizo conmigo la ceremonia del hilo rojo para iniciarme en la cábala y me dio un baúl lleno de libros del Zohar con los que rezar. En la nuca me tatué una palabra en hebreo que representa uno de los setenta y dos nombres de Dios. Algunos cabalistas consideran que significa «curación», que era lo que estaba todavía intentando lograr.

Madonna causó un buen efecto en mí en muchos sentidos. Me dijo que debía asegurarme de pasar tiempo fuera por el bien de mi alma, e intenté hacerlo. Fue un modelo de un tipo de fuerza que yo necesitaba ver. Hay muchas maneras distintas de ser una mujer en la industria musical: puedes ganarte una reputación por ser una diva, puedes ser profesional o puedes ser «una niña buena». Siempre me había esforzado muchísimo por agradar, agradar a mis padres, agradar a la audiencia, agradar a todo el mundo.

Debí de asimilar esa actitud de indefensión de mi madre. Veía cómo la trataban mi hermana y mi padre y cómo ella simplemente lo aceptaba. A principios de mi carrera, seguí ese modelo y fui pasiva. Ojalá hubiera tenido entonces a una tía más cabrona cerca para aprender a ser así antes. Si pudiera retroceder en el tiempo, intentaría ser mi propia madre, mi propia pareja, mi propia abogada, tal como sabía que hacía Madonna. Había tenido que soportar mucho sexismo e intimidación por parte del público y de la industria musical, y la habían humillado muchas veces por su sexualidad, pero siempre lo superaba.

Cuando Madonna aceptó su premio a la Mujer del Año de la revista *Billboard* hace unos años, dijo que la habían sometido a «una descarada misoginia, sexismo, una humillación constante e insultos crueles… Si eres una chica, tienes que jugar. ¿A qué juego? Se te permite ser guapa, mona y sexy. Pero no vayas de muy inteligente. No tengas una opinión».

Estaba en lo cierto; la industria musical —en realidad el mundo entero— está creada para los hombres. En especial si eres «una niña buena», como yo, te pueden destrozar completamente. Para entonces, casi era demasiado buena. Fuera donde fuese, Felicia escribía notas de agradecimiento al chef, al camarero, a la secretaria. Hasta el día de hoy, como chica sureña que soy, creo en las notas de agradecimiento escritas a mano.

Madonna se dio cuenta de lo mucho que quería agradar y de cómo seguía los demás en vez de zanjar el asunto diciendo: «¡Vale, gente! ¡Escuchad! Esto es lo que vamos a hacer».

Decidimos actuar juntas en los VMA.

Cada vez que ensayábamos, fingíamos que nos besábamos. A unos dos minutos de salir a escena, estaba sentada a un lado del escenario, pensando en mi actuación más importante hasta la fecha en los VMA, cuando me quité un traje de chaqueta para revelar un atuendo centelleante debajo, y dije para mis adentros: «Quiero que este año se repita un momento como aquel. ¿Debería ir a por él con el beso?».

Se montó la gorda por aquel beso. Oprah le preguntó a Madonna por él. Se trató el beso como un momento cultural importante —«¡Britney besando a Madonna!»— y atrajo mucha atención hacia las dos.

Mientras estábamos ensayando para los VMA, se me ocurrió también una colaboración. En el estudio de Culver City, mi equipo y yo estábamos sentados en unas sillas de metal plateado, plegables, hablando de que la compañía discográfica no estaba muy entusiasmada con mi nueva canción «Me Against the Music», una canción que me encantaba. Acababa de grabar «I'm a Slave 4 U» en mi último disco y Barry Weiss, que dirigía un sello discográfico, quería más canciones así. Pero yo apostaba con ahínco por «Me Against the Music».

—¿Y si le añadimos un invitado especial? —propuse.

Una canción puede convertirse en un gran éxito por el acontecimiento que la acompaña. Pensé que si encontrábamos a alguien que estuviera en la canción, podríamos crear una historia alrededor.

—¿Quién quieres que salga? —me preguntó mi agente.

—¡Ella! —contesté, señalando a Madonna, que estaba al otro lado de la sala—. Metámosla a ella.

—¡Joder! —exclamó—. Sí, eso funcionaría.

En vez de preguntárselo a su equipo, acordamos que se lo pediría yo directamente a ella. Así que me acerqué a Madonna.

—Hablemos un momento —le dije.

Le comenté lo divertido que sería hacer la canción juntas

y que podíamos ayudarnos mutuamente: era algo que nos beneficiaría a ambas. Y accedió.

«Me Against the Music» sigue siendo una de mis canciones favoritas, y la colaboración con ella es parte de lo que la hace tan memorable.

El primer día de rodaje del videoclip para la canción, que iba a durar dos o tres días, nos dijeron que se había descosido una costura del traje blanco de Madonna, y tuvieron que llamar a una modista para que lo arreglara, así que hubo retraso al principio. Acabé sentada durante horas en mi caravana, esperando a que cosieran el traje.

«¿En serio?», pensé. Ni siquiera sabía que fuese una opción tomarse tanto tiempo para una misma. Si se me rompía el tacón del zapato, jamás pedía a producción cinco minutos para arreglarlo. Hacía lo que el director me decía que hiciese, incluso si tenía que ir cojeando por el plató o aparecer descalza.

Durante el rodaje juntas, me asombró cómo Madonna no comprometía su imagen. Mantenía la atención en ella. Colaborar con Madonna significaba ir a remolque de sus ideas y a su ritmo durante días. Para mí fue una lección importante, una que tardé bastante tiempo en asimilar: exigía poder y conseguía poder. Ella era el centro de atención, esa era una de las condiciones para que apareciese en cualquier parte. Se había construido esa vida. Yo tenía la esperanza de poder encontrar el modo de hacer lo mismo, pero conservando las partes de mi identidad de niña buena con las que quería quedarme.

17

Estaba contenta con mi nuevo álbum, *In the Zone*. «Me Against the Music», con Madonna, fue el primer sencillo del álbum. El siguiente sencillo fue «Toxic», por el que gané un premio Grammy. «Toxic» era innovadora y cosechó un enorme éxito; sigue siendo una de mis favoritas en las actuaciones.

Para promocionar el álbum, salí con un equipo de cámara de la MTV en la ciudad de Nueva York una noche a grabar un especial llamado *In the Zone & Out All Night*. Fuimos en coche por toda la ciudad para actuar en tres discotecas: Show, Splash y Avalon. Fue impresionante ver a grupos grandes de gente bailando al son de las nuevas canciones. Como ha sucedido una y otra vez en mi carrera, mis fans me recordaron por qué hago lo que hago.

Pero, entonces, un día alguien llamó a mi puerta. Cuando la abrí, cuatro hombres entraron sin más. Tres de ellos me resultaban desconocidos. No había visto sus caras en mi vida.

El cuarto era mi padre.

Hicieron que me sentara en el sofá (el mismo que a día de hoy tengo en mi dormitorio). Al instante, empezaron a acribillarme a preguntas, preguntas y más preguntas. Permanecí en silencio; no me apetecía hablar con nadie. No tenía nada que decir.

Un día más tarde recibí una llamada de mi equipo: iba a entrevistarme con Diane Sawyer... en ese mismo sofá. Debido a lo que había sucedido con Justin y todo por lo que había pasado, no me veía capaz de mantener el contacto con el mundo. Una nube oscura cubría mi cabeza; estaba traumatizada.

A menudo me había recluido en mi apartamento para estar a solas; ahora me obligaban a hablar con Diane Sawyer en ese mismo lugar y llorar ante todo el país.

Fue totalmente humillante; no me proporcionaron las preguntas por adelantado, y no hubo ni una que no resultara embarazosa. En ese momento yo era demasiado vulnerable, estaba demasiado sensible para ese tipo de entrevistas. Preguntaba cosas como: «Él está yendo a la televisión y contando que le rompiste el corazón. Hiciste algo que le causó un gran dolor, un gran sufrimiento. ¿Qué es lo que hiciste?».

No quería compartir nada privado con el mundo. No les debía a los medios ni un detalle de mi ruptura. No deberían haberme obligado a hablar en una televisión nacional, forzado a llorar delante de esa desconocida, una mujer que me estaba acosando implacablemente con una pregunta dura tras otra. En cambio, sentí que me estaban explotando, presa en una trampa ante el mundo entero.

Aquella entrevista supuso un punto de inflexión en mi interior; habían dado a un interruptor. Sentí cómo algo oscuro penetraba mi cuerpo. Como un hombre lobo, sentí cómo me transformaba en una Mala Persona.

Sinceramente creo que ese momento de mi vida debería haber sido una época de crecimiento, y de no compartir nada con el mundo. Hubiera sido la mejor manera de sanar.

Pero no tuve elección. Daba la impresión de que a nadie le importaba cómo me sentía.

De vuelta en Luisiana para las vacaciones, invité a unos cuantos amigos. Nos instalamos en la casa de huéspedes que había construido detrás de la principal y mi madre se enfadó con nosotros porque hacíamos mucho ruido. De repente, me di cuenta de que tenía dinero de sobra y de que no hacía falta que nos quedáramos en Luisiana. Reservé para el grupo un viaje a Las Vegas para Fin de Año y algunos amigos de mi gira también se apuntaron.

Nos alojamos en el Palms Casino Resort y allí se nos fue la olla y bebimos mucho. Admito que nos comportamos como unos verdaderos imbéciles. También diré que solo sucedió esa vez, en un momento en que casi me sentí abrumada por tener tanta libertad en la Ciudad del Pecado. Era como una niñita que había trabajado mucho y a la que, de repente, la agenda se le había quedado en blanco durante unos días, así que: «¡Bienvenido, alcohol!».

Paris Hilton apareció en el casino para pasar el rato y beber unas copas. Antes de darme cuenta de lo que estábamos haciendo, nos subimos a las mesas, nos quitamos los zapatos y corrimos por todo el local como idiotas hechizadas por las hadas. Pero nadie salió perjudicado y yo me lo pasé estupendamente con ella. Solo estábamos jugando, y todavía lo hacemos cada vez que coincidimos.

No fui grosera con nadie. No fue más que diversión inocente. A la gente le gusta criticar y ahora no se pueden hacer ese tipo de cosas porque todo el mundo enseguida saca la cámara. Pero esa vez en Las Vegas solo nos dedicamos a hacer el tonto. Al haber estado ya bajo la mirada atenta de los medios de comunicación, no me interesaba causar problemas. Lo que quería era sentirme libre y disfrutar de lo que tanto me había costado conseguir trabajando.

Como veinteañera que era, después de aquellas copas terminé en la cama con uno de mis viejos amigos, un amigo de la infancia que conocía de toda la vida. A la tercera noche de estar allí juntos, nos cogimos una cogorza. Ni siquiera me acuerdo de lo que sucedió esa noche, pero, por los cabos que até, nos quedamos en plan tranqui en la habitación del hotel, viendo películas hasta tarde —*La sonrisa de Mona Lisa* y *La matanza de Texas*—, y después tuvimos la brillante idea de ir a A Little White Chapel a las tres de la madrugada. Al llegar allí, estaba casándose otra pareja, así que tuvimos que esperar. Sí, hicimos cola para casarnos.

La gente me ha preguntado si le quería. Seamos claros: Jason y yo no estábamos enamorados. Me encontraba francamente borracha y, probablemente, en un sentido más general en ese momento de mi vida, muy aburrida.

Al día siguiente, toda mi familia viajó en avión a Las Vegas. Se presentaron y se quedaron observándome furiosos.

—¿Qué pasó anoche? —pregunté mirando a mi alrededor—. ¿Es que maté a alguien?

—¡Te casaste! —respondieron, como si en cierta manera fuera algo peor.

—Solo nos estábamos divirtiendo —aduje.

Pero mis padres se lo tomaron muy en serio.

—Tenemos que anularlo —dijeron.

Le dieron muchísima importancia a algo que había sido por pura diversión. Todo el mundo tiene una perspectiva diferente, pero yo no me lo tomé tan en serio. Creía que casarse en Las Vegas era una tontería que la gente hacía en broma. Pero mi familia se lo tomó como si hubiera iniciado la Tercera Guerra Mundial. El resto del tiempo que estuve en Las Vegas me lo pasé llorando.

—¡Vale, la culpa es mía! —exclamé—. Lo siento mucho. No debería haberme casado.

Firmamos todos los documentos que nos dijeron que firmáramos. El matrimonio duró cincuenta y cinco horas. Me pareció muy raro que se involucraran tan rápido y con tanta decisión, sin que a mí me diera tiempo a ni siquiera arrepentirme de lo que había hecho.

No es que quisiera formar una familia con ese tío ni estar con él para siempre, para nada. Pero lo que ocurrió fue que mis padres me interrogaron tanto sobre el asunto que una parte de mí casi decía: «¡Oye, a lo mejor sí quiero estar casada!».

Todos los jóvenes saben lo que es querer rebelarse contra la familia, sobre todo si están controlándote. Ahora siento que mi reacción era muy humana. Estaban metiéndome una curiosa presión por algo que yo creía inofensivo, y de todas formas era asunto mío.

De hecho, mi familia se mostraba tan en contra de la boda que empecé a pensar que tal vez había cometido por accidente un acto brillante. Porque me di cuenta de que seguir bajo su control y no tener un vínculo más fuerte con otra persona se había convertido en algo importantísimo para ellos.

Me preguntaba qué les pasaba conmigo, por qué cualquier otra persona representaba una amenaza tan grande para ellos. Tal vez merezca la pena mencionar que, a esas alturas, les ayudaba económicamente. Todos me preguntaban qué iba a hacer a partir de entonces. Y era una buena pregunta de la que conocía la respuesta. No me cansaba de decirles a los entrevistadores que necesitaba tomarme un tiempo para mí sola. Empecé a soñar con encontrar el amor verdadero y asentar la cabeza. Tenía la sensación de estar perdiéndome algo en la vida.

18

Nos echamos de nuevo a la carretera. Más autobuses. Más colgadores de ropa. Más largas horas de ensayos. Más pasos y repeticiones.

Ya era una de las épocas más oscuras de mi vida y el ambiente de la gira también fue oscuro: muchos números en los que acababa sudando, temas sombríos e iluminación lóbrega. La gira también provocó un cambio en mi relación con mi hermano, Bryan.

Como trabajaba ahora como parte de mi equipo, a Bryan se le pagó muy bien —y a mí también— por la gira Onyx Hotel Tour. También hizo mucho por mí con Elizabeth Arden. Y, aun así, me costó no estar resentida con él cuando yo me tuve que ir a lo que iba a resultar una gira increíblemente agotadora mientras él se quedaba en Los Ángeles y Nueva York, disfrutando de la vida.

Le perdí la pista a mi hermano durante esos años. Y, en muchos sentidos, fue como si perdiera a Justin y Bryan por la misma época.

Esa gira fue muy deprimente. En Moline, Illinois, me hice una lesión bastante fea en una rodilla hacia el final del espectáculo. Ya me había hecho daño antes ensayando para el videoclip «Sometimes», de mi primer álbum. Aquello fue más grave: me puse a llorar como una histérica. Con esta lesión, solo tuve que cambiar dos fechas, pero en mi cabeza ya había empezado a marcharme. Anhelaba cierta ligereza y alegría en mi vida.

Entonces Kevin Federline era quien me sostenía. Eso es lo que más recuerdo. Nos conocimos en una discoteca que se llamaba Joseph's Café, en Hollywood, donde solía sentarme en una mesa al fondo. Inmediatamente, desde que le vi, conectamos. Fue algo que me hizo sentir como si pudiera escapar de todo lo que se me hacía cuesta arriba en la vida. Aquella primera noche cuando nos conocimos, me abrazó, me sostuvo literalmente, en una piscina durante horas.

Así era él conmigo: estable, fuerte, un consuelo. Recuerdo que fuimos a nadar y me rodeó con los brazos en el agua y no me soltó hasta que yo quise, sin importar cuánto tiempo fuera eso. Era más que un rollo sexual. No se trataba de lujuria. Era íntimo. Me abrazaría mientras yo quisiera. ¿Había hecho alguien algo así alguna vez en mi vida? Si así era, no recordaba cuándo. ¿Y había algo mejor?

Después de lo que había pasado con J, no había estado con nadie de verdad desde hacía mucho tiempo. Entretanto, la prensa continuaba sugiriendo hombres famosos con los que debía salir, de la realeza, directores ejecutivos, modelos. ¿Cómo iba a explicar que yo lo único que quería era que me abrazara un hombre durante una hora en la piscina?

Creo que muchas mujeres —esto es totalmente aplicable

a mí— pueden ser tan fuertes como quieran, pueden representar ese papel poderoso, pero a fin de cuentas, después de hacer nuestro trabajo, ganar nuestro dinero y ocuparnos de todos los demás, queremos que alguien nos abrace fuerte y nos diga que todo va a salir bien. Lo siento, sé que suena retrógrado, pero creo que es un impulso humano. Queremos sentirnos a salvo, vivas y sexis, todo al mismo tiempo. Y eso era lo que me ofrecía Kevin. Así que me agarré a él como si no hubiera un mañana.

Al principio, mi relación con Kevin era divertida.

A Kevin le gustaba mi forma de ser. Como mujer que pasaba mucho tiempo intentando estar a la altura de las expectativas de la sociedad, era un regalo relacionarme con un hombre que me permitía ser exactamente como yo era.

Kevin tenía reputación de «malote». Aun así, cuando nos conocimos yo ignoraba que era padre de un hijo y que su exnovia estaba embarazada de ocho meses del segundo. Lo ignoraba por completo. Vivía en una burbuja y no contaba con muchos buenos amigos cercanos en los que confiar y que me aconsejaran. No lo supe hasta que llevábamos un tiempo juntos y alguien me preguntó si sabía que acababa de tener otro hijo.

No me lo creí, pero cuando le pregunté me respondió que era verdad. Me contó que los veía una vez al mes.

—¿Tienes niños? —le dije—. ¿Tienes hijos? ¿No solo un hijo, sino dos?

Me la había jugado, estaba claro. No lo sabía.

Aquella primavera de 2004 tuve que volver a trabajar para cumplir con mis fechas contratadas, aunque no me apetecía nada. Supuse que sería soportable si Kevin me acompañaba y accedió a venir. Nos divertimos muchísimo en esa gira. Me ayudó a mantenerme distraída del trabajo, que me resultaba más un reto que nunca. Después de los conciertos, no tenía que volver sola a la habitación del hotel. En el avión de regreso a casa, íbamos charlando y le pedí que se casara conmigo. Me rechazó y luego me lo propuso él.

Filmamos diarios de gira juntos. La idea original era hacer un documental como *En la cama con Madonna*, pero se convirtió en una recopilación de nuestros vídeos caseros, sobre todo después de lesionarme de nuevo, y se lanzó más tarde como un *reality show* titulado *Britney and Kevin: Chaotic*.

La gira Onyx Hotel Tour fue muy dura. Para empezar, era demasiado sexual. Justin me había avergonzado públicamente y mi réplica en el escenario fue ir un poco por esa línea. Pero resultó un completo horror. Lo odié al instante. De hecho, odié toda esa estúpida gira, tanto que rezaba todas las noches. Imploraba: «Dios, tan solo haz que me rompa un brazo. Haz que me rompa una pierna. ¿No puedes hacer que me rompa algo?». Y entonces, el 8 de junio de 2004, cuando aún quedaban dos meses de gira, me volví a caer en el plató del rodaje del videoclip para la canción «Outrageous», me lesioné otra vez la rodilla y tuvieron que operarme. El resto de conciertos de la gira se anularon. Recordé lo mucho que había sufrido de adolescente haciendo fisioterapia para la rodilla. Fue una experiencia atroz. Tenía que mover las piernas arriba y abajo aunque me provocara un dolor indescriptible. Así que, cuando los médicos me ofrecieron oxicodona, me la tomé. No quería volver a experimentar aquel nivel de dolor.

Me limité a ir a mi apartamento de Manhattan, meterme en mi cama de princesa, y si alguien —amigos, familia, personas del trabajo— mostraba interés en hablar conmigo les decía que me dejaran en paz, que no quería hacer nada ni ver a nadie. Y desde luego ni me planteé salir otra vez de gira durante un tiempo, si podía evitarlo.

En parte creía que me había ganado el derecho a tomar mis propias decisiones en mi vida personal después de una agenda tan agotadora. Me sentía como si me hubieran manipulado para que me pusiera a trabajar nada más romper con Justin, porque era lo único que recordaba. La gira Onyx fue un error. Pero en mi cabeza pensaba que debía hacer lo que se suponía que debía hacer, que era trabajar.

Ahora me doy cuenta de que debería haber hecho una pausa y haberme tomado mi tiempo para recuperarme de la ruptura con Justin antes de volver a salir de gira. La industria musical es demasiado dura y despiadada. A menudo visitas una ciudad distinta cada día. No hay regularidad. Es imposible encontrar tranquilidad cuando estás en la carretera. Cuando grabé el especial *Britney Spears: Live and More!* en Hawái en el año 2000, empecé a darme cuenta de que la televisión es realmente fácil. La televisión es la parte de lujo del negocio; ir de gira no lo es.

Mi hermana también acababa de firmar un contrato con Nickelodeon. Me alegraba por ella. Verla aprenderse el guion y haciendo las pruebas de vestuario me recordaba cuánto me habría gustado tener un trabajo que fuera más como el mundo acogedor de la televisión infantil. Me gustaba evocar *El club de Mickey Mouse* y lo fácil que parecía todo entonces.

Creía que Kevin me daría la estabilidad que estaba buscando… y también la libertad.

No a todos les gustaba lo mío con Kevin. Lo quisiera o no, yo era una de las mayores estrellas del mundo en aquella época. Él tenía una vida más privada. A mí me tocaba defender nuestra relación ante todo el público.

Kevin y yo nos casamos ese otoño. Celebramos una ceremonia «sorpresa» en septiembre, pero los abogados necesitaban más tiempo con el acuerdo prenupcial, así que el acto jurídico no tuvo lugar hasta un par de semanas más tarde.

La revista *People* cubrió la ceremonia. Yo llevé un vestido sin tirantes y las damas de honor iban de color burdeos. Después de la ceremonia, me puse un chándal rosa en el que se leía SRA. FEDERLINE y todos los demás también se vistieron con chándales Juicy, porque luego nos fuimos a una discoteca a bailar toda la noche.

Ahora que estaba casada y pensando en formar una familia, decidí empezar a decir no a cosas que no me apetecían, como la gira Onyx. Puse fin a la relación con mis agentes. Publiqué una carta a mis fans en mi página web, en la que les decía que iba a tomarme un tiempo de descanso para disfrutar de mi vida.

«En realidad he aprendido a decir ¡NO! —escribí y lo decía en serio—. Con esta libertad que acabo de encontrar, es como si la gente no supiese cómo actuar conmigo. Lamento que mi vida pareciera hecha un lío durante los dos últimos años. ¡Probablemente es que LO ESTABA! Ahora entiendo lo que quieren decir cuando hablan de las estrellas infantiles. Trabajar, trabajar y trabajar es lo único que he conocido desde que tenía quince años… Por favor, recordad que los tiempos están cambiando y yo también».

Sentí una paz increíble después de anunciar mi intención de controlar por fin mi vida.

«¡Las cosas van a cambiar por aquí!», pensé con entusiasmo.

Y así fue.

19

Dos apuntes sobre estar embarazada: me encantaba el sexo y me encantaba la comida. Ambas cosas fueron una pasada en los dos embarazos.

Aparte de eso, no puedo decir que hubiera mucho más que fuera un placer. Me porté fatal con la gente. No habrías querido saber nada de mí en esos dos años. No quería estar con casi nadie. No quería ver a nadie, ni siquiera a mi madre. Era una mamá osa total. La novia de América, y la mujer más malvada del mundo.

También era muy protectora con Jamie Lynn. Después de que se me quejara de una coprotagonista en su programa de la tele, me presenté en el plató para tener unas palabras con la actriz. Menuda imagen debí de dar, tan embarazada y gritándole a una (como supe más tarde, inocente) adolescente: «¿Estás difundiendo rumores sobre mi hermana?». (A esa joven actriz: lo siento).

Cuando estaba embarazada, no quería que se acercase nadie a mí: «¡Apártate! ¡Llevo un bebé aquí dentro!».

Es verdad lo que dicen: nadie puede prepararte para cuando vas a tener un bebé. Es un milagro. Estás creando otro cuerpo. Creces diciendo: «Esa persona está embarazada», «Esa persona ha tenido un bebé». Pero, cuando lo experimentas en tus carnes, es abrumador. Fue una experiencia espiritual, un vínculo increíblemente potente.

Mi madre siempre me había hablado de lo doloroso que era un parto. Siempre me recordaba que pasó muchas horas sufriendo para que yo naciera. Bueno, todos somos diferentes. Para algunas mujeres es fácil. A mí me aterraba pasar por un parto natural. Cuando el médico me ofreció una cesárea, sentí un gran alivio.

Sean Preston nació el 14 de septiembre de 2005. Enseguida se vio que era un pequeño bueno y dulce.

Luego, tres meses más tarde, me quedé otra vez embarazada. Estaba entusiasmada por tener dos hijos que se llevaban tan poco tiempo. Aun así, fue difícil para mi cuerpo, y sentí mucha tristeza y soledad en aquella época. Tenía la sensación de que el mundo estaba en mi contra.

El principal peligro con el que debía tener cuidado era la agresión de los paparazzi.

Pensaba que si me quedaba al margen del ojo público seguro que al final los fotógrafos me dejarían en paz. Pero estuviera sentada en casa o intentara salir a una tienda, los fotógrafos me encontraban. Todo el día, y toda la noche, ahí estaban, esperando a que saliera.

De lo que no parecía darse cuenta nadie de los medios de comunicación es de lo dura que era conmigo misma. Podía ser una loca, pero en el fondo siempre me gustaba agradar a la gente. Incluso en mi peor momento, me importaba lo que la gente pensara. Me crie en el Sur, donde los buenos modales son muy importantes. Aún hoy en día, tengan la edad que tengan, sigo llamando a los hombres «señor» y a las mujeres «señora». Aunque solo sea por una cuestión de cortesía, es increíblemente doloroso que te traten con tal desconsideración, tal repulsión.

Todo lo que hacía con los bebés quedaba registrado. Cuando salí en coche para escapar de los paparazzi con Sean Preston en mi regazo, lo tomaron como prueba de que no estaba capacitada para tener hijos. Los paparazzi me acorralaron con él en el centro comercial Malibu Country Mart. No dejaron de sacarme fotos con mi bebé en brazos, llorando, atrapada.

Mientras trataba de salir de un edificio y meterme en un coche en Nueva York, embarazada de Jayden James, con Sean Preston en brazos, me rodearon los fotógrafos. Me dijeron que me metiera en el coche por el otro lado, así que dije: «Ah», y di la vuelta para llegar hasta allí con otras mil cámaras disparando a grito de «¡Britney, Britney!».

Si ves el vídeo y no solo las fotos sin movimiento, advertirás que mientras llevaba un vaso de agua en una mano y a mi bebé en el otro brazo, se me torció el tobillo y a punto estuve de terminar en el suelo; conseguí guardar el equilibrio y que no se me cayeran el vaso de agua ni el niño, quien, por cierto, estaba tan pancho.

—Esta es la razón por la que necesito una pistola —le dije al cámara, lo que probablemente no le gustó un pelo. Pero estaba ya desesperada.

Las revistas parecían no desear más que una foto que pudieran publicar con el titular «¡Britney se ha puesto ENORME!

¡Mirad, no lleva maquillaje!». Como si eso fuera una especie de pecado, como si engordar fuera algo malo que les hubiera hecho a ellos personalmente, como una traición. ¿En qué momento prometí seguir teniendo diecisiete años el resto de mi vida?

20

Cuando Sean Preston era muy pequeño, Kevin empezó a trabajar más duro en su propia música. Quería crearse su propio nombre y yo le animé a ello. Estaba grabando mucho, que era su pasión. A veces me pasaba por un estudio en el que estaba trabajando y era como ir a una discoteca. Percibía el olor a hierba saliendo por la puerta del estudio antes incluso de entrar. Él y los demás chicos se colocaban y era como si yo sobrase. No estaba invitada a su fiesta.

No soportaba el humo de los porros. Solo con olerlo me entraban ganas de vomitar. Además tenía al bebé y estaba embarazada, y no podía salir por ahí todo el día. Así que casi siempre me quedaba en casa. No es que fuese un sacrificio para mí. Tenía una casa bonita, una casa de ensueño. Contratamos a un chef magnífico, demasiado caro para usarlo con tanta frecuencia. Pero una vez comí algo que él había cocinado y dije: «¡Madre mía, esto es lo más delicioso que he probado en mi vida! ¡Quédate a vivir con nosotros! ¡Te adoro!». Y lo decía en serio, le adoraba. Daba las gracias por cualquier ayuda extra en la casa.

«A lo mejor así es como son las parejas casadas —pensaba mientras Kevin y yo cada vez nos distanciábamos más—. Nos turnamos en dejar al otro ser un poco egoísta. Esta es la primera vez que saborea la fama él solo. Debería dejar que lo disfrutara».

Hablaba conmigo misma para motivarme: «Es mi marido. Se supone que tengo que respetarlo, aceptarlo a un nivel más profundo que a alguien con quien solo saldría. Es el padre de mis hijos. Su actitud ahora es diferente, pero si cambió una vez, puede volver a cambiar. La gente dice que va a romper conmigo cuando los niños sean pequeños, como le hizo a la madre de sus dos primeros hijos cuando eran bebés, pero ¡ni hablar! No tiene nada que ver cómo se comportó con la otra familia con cómo se comporta conmigo».

Al ponerme todas esas excusas en la cabeza, me mentía a mí misma. En todo ese tiempo no fui capaz de comprender que estaba dejándome.

Fui en avión a Nueva York para verle. Habíamos perdido tanto el contacto que creí que necesitábamos pasar un tiempo juntos en familia. Cuando llegué a la ciudad, me alojé en un bonito hotel, entusiasmada porque iba a ver a mi marido.

Pero él no quiso verme. Era como si fingiese que no existía.

Su agente, que había estado años en mi equipo, tampoco quiso verme. Ahora era del equipo de Kevin y por lo visto habían terminado conmigo.

«Maldita sea, ¿en serio?», me dije.

Lo único en lo que podía pensar era en que quería acer-

carme lo suficiente a Kevin para preguntarle qué estaba sucediendo. Quería decirle: «Cuando te marchaste para venir
aquí, nos abrazamos. Me besaste. ¿Qué pasa? ¿Qué ha ocurrido?».

Sospechaba que sucedía algo, que había cambiado, sobre
todo en cuanto empezó a recibir atención de la prensa y sentirse él mismo. Una vez llegó tarde a casa y me dijo que había estado en una fiesta. Me dijo que había visto a Justin
Timberlake y también a Lindsay Lohan.

«¿Crees que me importa esa estúpida fiesta? —pensé—.
¿Tienes idea de a cuántas fiestas como esa he ido yo? Conozco a algunas de esas personas desde hace más tiempo que a
ti. ¿Sabes por todo lo que pasé en mis años con Justin? No,
no tienes ni idea». Guardé silencio, pero me entraron ganas
de decirle eso y más.

Kevin estaba cautivado por la fama y el poder. En mi
vida había visto una y otra vez a gente destruida por la fama
y el dinero, y vi cómo le ocurría a Kevin a cámara lenta. Según mi experiencia, cuando la mayoría de la gente —sobre
todo los hombres— recibe ese tipo de atención, ya está. Les
gusta demasiado y no es bueno para ellos.

Algunos famosos lo llevan bien. Tienen perspectiva. Se
divierten con la admiración, pero no demasiado. Saben qué
opiniones escuchar y qué opiniones ignorar. Recibir premios y trofeos es guay, y al principio —esos dos primeros
años en que te haces famoso—, bueno, es un sentimiento
difícil de explicar. Creo que algunas personas viven la fama
de un modo extraordinario.

Yo no. Los dos o tres primeros años me manejé bien, y
me gustó, pero ¿mi yo verdadero? En el colegio jugaba al

baloncesto. Nunca fui animadora, no quería exponerme. Jugaba con el balón. Era lo que me encantaba.

¿Y la fama? Ese mundo no es real, amigos míos. No. Es. Real. Sigues adelante porque por supuesto sirve para pagar las facturas de la familia y todo lo demás. Sin embargo, yo echaba en falta la esencia de la vida real. Creo que por eso tuve a mis hijos.

¿Recibir premios y todo lo que conlleva la fama? Me encanta. Pero no veo nada perdurable en todo ello. Lo que me gusta de verdad es el rastro del sudor en el suelo durante los ensayos, o botar la pelota y hacer un lanzamiento. Me gusta el trabajo. Me gusta ensayar. Tiene más autenticidad y valor que cualquier otra cosa.

Envidio de verdad a los que saben poner la fama a su servicio, porque yo me oculto de ella. Me vuelvo muy tímida. Por ejemplo, Jennifer Lopez; desde el principio me pareció una persona a la que se le daba muy bien ser famosa, consentía el interés en ella de la gente, pero sabía dónde poner límites. Siempre cuidaba muy bien de sí misma. Siempre se comportaba con dignidad.

Kevin no sabía cómo hacerlo. Confieso que a mí tampoco se me da muy bien. Soy una persona nerviosa. Huyo de casi cualquier tipo de atención según me hago mayor, quizá porque me han hecho mucho daño.

En aquel duro viaje a Nueva York, debería haber sabido que mi matrimonio se había terminado, pero todavía pensaba que se podía salvar. Más tarde, Kevin cambió de estudio a uno que estaba en Las Vegas, y fui hasta allí con la esperanza de hablar con él.

Me lo encontré con la cabeza rapada. Estaba preparándose para las fotos de la portada de su álbum. Se pasaba todo el rato en el estudio. Ahora creía que era un rapero de verdad. Le deseé suerte, porque se lo tomaba muy en serio.

Así que me presenté en Las Vegas con Sean Preston en brazos, aún embarazada de Jayden James, llena de comprensión por la situación de Kevin. Estaba intentando conseguir éxito por sí solo y todo el mundo parecía dudar de él. Yo sabía lo que era eso. Da miedo exponerse. Debes creer mucho en ti mismo cuando el mundo se pregunta si tienes lo que hay que tener. Pero también pensaba que debería haberme llamado más y haber pasado tiempo conmigo. Nuestra pequeña familia lo era todo para mí. Había tenido a sus bebés dentro durante mucho tiempo y había sacrificado demasiadas cosas. Había abandonado mi carrera. Había hecho todo para que nuestra vida fuera posible.

Dejé a Sean Preston en el hotel con una niñera y me presenté en el plató del videoclip. De nuevo me dijeron que no quería verme. Posteriormente él ha asegurado que esto no es verdad, que nunca habría hecho algo así. Todo lo que sé es lo que viví en ese momento: los guardias de seguridad que estaban en la puerta, y que habían trabajado en mi casa, no me dejaron entrar.

Me asomé por una ventana y vi a un grupo de gente joven de fiesta. Habían convertido el plató en una discoteca. Kevin y los otros actores estaban fumando hierba y se les veía contentos.

Me sentí totalmente fuera de mí. Me quedé mirando la escena un rato sin que me viera nadie de dentro. Luego le dije al guardia de seguridad: «Pues muy bien», me di la vuelta y regresé al hotel.

Estaba en el hotel, destrozada, cuando alguien llamó a la puerta.

Fui a ver quién era y resultó ser uno de los viejos amigos de mi hermano, Jason Trawick. Se había enterado de lo sucedido.

Me preguntó cómo me encontraba. Parecía preocuparle de verdad mi respuesta.

«¿Cuándo ha sido la última vez que alguien me lo ha preguntado?», pensé.

21

Justo cuando iba a ser el primer cumpleaños de Sean Preston, el 12 de septiembre de 2006, llegó Jayden James. Fue un niño muy feliz desde que nació.

En cuanto tuve a mis dos hijos, me sentí muy ligera, tan ligera que era como ser un pájaro o una pluma, como si pudiera flotar.

Sentía el cuerpo estupendamente. «¿Así es tener trece años otra vez?», pensé. Ya no tenía barriga.

Una de mis amigas se me acercó y me dijo:

—¡Vaya, qué delgada estás!

—Bueno, he estado embarazada dos años seguidos —respondí.

Después de tener a los bebés, me sentí una persona totalmente diferente. Era confuso.

Por un lado, de repente volvía a caber en toda la ropa. Cuando me probaba las cosas, ¡me quedaban bien! Que me encantara la ropa de nuevo fue toda una revelación. Pensaba: «¡Hostia! ¡Mi cuerpo!».

Por otro lado, me había hecho muy feliz sentir a los bebés protegidos dentro de mí. Me deprimió un poco el no seguir manteniéndolos a salvo en el interior de mi cuerpo. Parecían tan vulnerables en el mundo de ahí fuera de la prensa amarilla y los paparazzi competidores que quería meterlos otra vez dentro de mí para que el mundo no tuviera acceso a ellos.

«¿Por qué Britney es tan tímida ante las cámaras con Jayden?», decía un titular.

A Kevin y a mí se nos empezó a dar mejor esconder a los niños después del nacimiento de Jayden, tanto que la gente se preguntaba por qué no se había publicado ninguna foto de él. Creo que si se hubieran parado un segundo a pensar en esa pregunta, lo podrían haber adivinado. Pero nadie se preguntaba eso de verdad. Seguían actuando como si debiera permitir que los hombres que habían intentado sacarme fotos en las que aparecía gorda tomaran también imágenes de los bebés.

Después de cada nacimiento, una de las primeras cosas que tuve que hacer fue mirar por la ventana para contar el número de enemigos combatientes que había en el aparcamiento. Cada vez que miraba, era como si se multiplicaran. Siempre había más coches de lo que parecía seguro. Al ver a tantos hombres ahí reunidos para fotografiar a mis hijos, se me helaba la sangre. Con tantísimo dinero en juego por los derechos de la foto, tenían como misión conseguirla a toda costa.

Y mis niños eran muy pequeños. Era mi trabajo mantenerlos a salvo. Me preocupaba que les asustaran los flashes o los gritos. Kevin y yo tuvimos que idear estrategias para taparlos con sábanas a la vez que nos asegurábamos de que podían respirar. Yo apenas podía hacerlo, sin ni siquiera ponerme una sábana encima.

No tenía ningún interés en salir en la prensa ese año, pero concedí una entrevista, con Matt Lauer para *Dateline*. Dijo que la gente se hacía preguntas sobre mí del tipo: «¿Es Britney una mala madre?». Nunca mencionó quién las hacía. Por lo visto, todo el mundo. Y me preguntó qué creía yo que hacía falta para que los paparazzi me dejaran en paz. Ojalá se lo hubiera preguntado a ellos; así, fuera lo que fuera, yo habría podido ponerlo en práctica.

Por suerte, mi casa era un refugio seguro. Nuestra relación iba mal, pero Kevin y yo habíamos construido una casa increíble en Los Ángeles, justo al lado de la de Mel Gibson. Sandy de *Grease* también vivía cerca. La veía y la saludaba: «¡Hola, Olivia Newton-John! ¿Cómo estás, Olivia Newton-John?».

Para nosotros era una casa de ensueño. Había un tobogán en la piscina. Había un cajón de arena, lleno de juguetes, para que los niños construyeran castillos. Teníamos una casita en miniatura con escalones, una escalera de mano y un pequeño porche. Y más cosas que añadimos.

No me gustaban los suelos de madera, así que puse mármol por todas partes, y, por supuesto, tenía que ser mármol blanco.

El diseñador de interiores estaba totalmente en contra.

—Los suelos de mármol son muy resbaladizos y duros si te caes.

—¡Quiero mármol! ¡Necesito mármol! —grité.

Era mi hogar y mi refugio. Era preciosa, joder. Pero creo que entonces supe que me había vuelto rara.

Había tenido a los niños seguidos. Mis hormonas andaban revolucionadas. Me porté fatal y fui muy mandona. Para mí resultó muy importante tener a los niños. Al intentar crear un hogar perfecto, me había pasado de la raya. Lo miro en retrospectiva y pienso: «Dios, aquello fue tremendo». Lo siento, contratistas. Creo que me excedí.

Hice que viniera un artista para que pintase unos murales en las habitaciones de los críos: unas pinturas fantásticas de unos niños pequeños en la luna. Me esforcé muchísimo.

Era mi sueño tener hijos y criarlos en el ambiente más acogedor que pudiera crear. Para mí eran perfectos, preciosos, todo lo que siempre había deseado. Quería darles el mundo, el sistema solar entero.

Empecé a sospechar que era un poco sobreprotectora al no dejar a mi madre coger en brazos a Jayden durante los dos primeros meses. Incluso después, le dejaba sujetarlo cinco minutos y punto. Luego tenía que volver a cogerlo yo en brazos. Eso es pasarse. Ahora lo sé. No debería haber sido tan controladora.

Creo que lo que me pasó cuando los vi al nacer fue similar a lo que me sucedió cuando rompí con Justin: el rollo ese de *Benjamin Button*. Envejecí al revés. Sinceramente, como madre primeriza, fue como si una parte de mí se convirtiera en el bebé. Una parte de mí era una mujer adulta muy exigente, que gritaba por el mármol blanco, mientras que otra parte de mí de pronto era muy infantil.

Los niños, por un lado, son muy curativos. Te hacen menos criticona. Son tan inocentes y dependen tanto de ti… Te das cuenta de que todos hemos sido bebés en algún momento, tan frágiles e indefensos. Por otro lado, para mí, tener hijos fue psicológicamente muy complicado. Me pasó lo mismo cuando nació Jamie Lynn. La quería muchísimo y sentía tal empatía que de alguna forma extraña me convertí en ella. Cuando ella tenía tres años, una parte de mí también volvió a tener tres.

He oído que a veces les pasa eso a los padres, sobre todo si han sufrido algún trauma en la infancia. Cuando tus hijos cumplen la edad que tenías cuando te enfrentaste a algo difícil, lo revives emocionalmente.

Por desgracia, por aquel entonces no se hablaba igual que ahora de la salud mental. Espero que las madres primerizas que estén leyendo esto y estén pasando por un momento difícil busquen ayuda pronto y canalicen sus emociones en algo más curativo que suelos de mármol blanco. Porque ahora sé que mostraba todos los síntomas de una depresión perinatal: tristeza, ansiedad y cansancio. En cuanto los bebés nacieron, añadí eso a mi confusión y obsesión por su seguridad, lo que provocaba que los medios de comunicación se centraran aún más en nosotros. Ser una madre primeriza ya es lo bastante difícil como para intentar hacer cualquier cosa estando bajo el punto de mira.

Como Kevin se pasaba tanto tiempo fuera, nadie estaba por allí para verme perder el control, salvo todos los paparazzi de Estados Unidos.

22

Esos dos primeros meses después de que Jayden llegara a casa fueron como una nebulosa. Me compré un perro. Felicia entraba y salía de mi vida.

Mientras estaba embarazada de Jayden, me teñí el pelo de negro. Al intentar volver al rubio, se puso lila. Tuve que ir al salón de belleza a que me lo arreglaran y me dejasen un tono castaño realista. Tardé muchísimo en recuperar el estado anterior. Como casi todo en mi vida en aquella época. Por decirlo suavemente, había algo de caos: la ruptura con J y salir a aquella dura gira de Onyx, casarme con alguien que a nadie le parecía un buen partido, y luego intentar ser una buena madre en un matrimonio que se derrumbaba en tiempo real.

Pero, aun así, siempre me sentía muy feliz y creativa en el estudio. Cuando grabé *Blackout*, sentí mucha libertad. Tuve la oportunidad de trabajar con unos productores magníficos. Nate Hills, un productor que grababa bajo el nombre de Danja y estaba más metido en la música dance y en la EDM, la música electrónica de baile, que en el pop, me descubrió nuevos sonidos y logré estirar la voz de maneras diferentes.

Me encantaba que nadie le diera demasiadas vueltas a las cosas y que solo tuviera que decir lo que me gustaba y lo que no. Sabía exactamente lo que quería y me volvía loca lo que me ofrecían. Llegar al estudio, oír aquellos sonidos increíbles y poner la voz sobre ellos era muy divertido. A pesar de mi reputación en aquel momento, estaba entusiasmada y me centraba en el trabajo cada vez que entraba allí. Lo triste era lo que sucedía fuera del estudio.

Los paparazzi eran como un ejército de zombis intentando colarse a todas horas. Trataban de trepar por las paredes y tomar fotos por las ventanas. Para entrar y salir del edificio había que diseñar toda una operación militar. Era espantoso.

Mi representante en la división de A&R, Teresa LaBarbera Whites, que también era madre, hacía lo que estaba en su mano para ayudar. Puso un columpio de bebé en uno de nuestros estudios, lo que me pareció un gesto muy dulce.

El álbum fue algo así como un grito de guerra. Tras años de ser meticulosa, intentando complacer a mi madre y a mi padre, me tocaba decir: «Que os den». Dejé de hacer negocios como lo había hecho siempre. Empecé a hacer vídeos en la calle yo sola. Iba a bares con una amiga y la amiga sacaba la cámara y así grabamos «Gimme More».

Vamos a ser claros, no estoy diciendo que me sienta orgullosa. «Gimme More» es de lejos el peor videoclip que he grabado en mi vida. No me gusta nada, es una horterada. Parece que nos gastamos solo tres mil dólares en grabarlo. Y, a pesar de lo malo que era, hizo su función. Y cuanto más hacía cosas por mí misma, más gente interesante empezó a fijarse en mí y a querer colaborar conmigo. Terminé encontrando al azar a gente realmente buena, tan solo por el boca a boca.

Blackout fue uno de los álbumes más fáciles y satisfactorios que había hecho en mi vida. Salió muy rápido. Me metía en el estudio, estaba allí treinta minutos y me marchaba. No estaba planeado así, pero tenía que ir a toda pastilla. Si me quedaba demasiado tiempo en un sitio, los paparazzi de fuera se multiplicaban como si yo fuese un Pac-Man acorralado por los fantasmas que le perseguían. Mi mecanismo de supervivencia era entrar y salir de los estudios lo más rápido posible.

Cuando grabé «Hot as Ice», entré en el estudio y había seis tíos gigantes en la sala, ahí sentados. Aquel probablemente fue uno de los momentos de grabación más espirituales de mi vida, estar con esos tíos escuchando en silencio mientras yo cantaba. Mi voz llegó más alto que nunca. La canté dos veces y me marché. Ni siquiera hice una prueba.

Me hizo feliz grabar *Blackout*, pero la vida seguía tirando de mí desde distintas direcciones. Todo era muy radical de un minuto a otro. Necesitaba tener más autoestima y valor de los que era capaz de reunir por aquel entonces. Pero aunque fue una época difícil en casi todos los demás aspectos, artísticamente estuvo genial. Algo de lo que me estaba ocurriendo en la cabeza me hizo ser mejor artista.

El álbum *Blackout* me llenó de energía. Pude escoger mis propios estudios. Fue una época salvaje.

Por desgracia, cuando la vida familiar va mal, eso se adueña de ti y hace que cualquier cosa buena parezca menos buena. Lloraba por lo desagradable que se había puesto la situación con mi familia, pero me sentía muy orgullosa de ese álbum. Muchos artistas han dicho que les ha influenciado y a menudo oigo que los fans opinan que es su favorito.

Mientras tanto, Kevin estaba saliendo mucho en prensa. ¡Ni que hubiera ganado un Grand Slam en la Serie Mundial! Ya no le reconocía. Más tarde le pidieron que hiciera un anuncio de la Superbowl para Nationwide. No importaba que fuese él burlándose de sí mismo, interpretando a un trabajador en un restaurante de comida rápida que quería convertirse en una estrella. Después de recibir esa oferta, ya no le volví a ver. Era como si fuese demasiado importante para hablar conmigo. Le decía a todo el mundo que para él ser padre lo era todo, lo mejor de su vida. Quién lo habría dicho. Porque la triste verdad era que estaba ausente mucho tiempo.

23

Cuando me casé con Kevin, lo hice de todo corazón. Al mirarme a los ojos en las fotos de la boda se ve claramente. Estaba muy enamorada y dispuesta a iniciar una nueva etapa de mi vida. Deseaba tener hijos con ese hombre. Deseaba tener un hogar acogedor. Quería envejecer a su lado.

Mi abogada me dijo que, si yo no presentaba la demanda de divorcio, lo haría Kevin. Llegué a la conclusión de que él quería pedir el divorcio, pero que se sentía culpable al hacerlo. Sabía que quedaría mejor ante la opinión pública si era yo la demandante. Mi abogada me dijo que Kevin lo solicitaría pasara lo que pasara. Me hicieron creer que sería mejor si yo lo pedía antes para no ser humillada.

No quería sentirme avergonzada, por eso, a principios de noviembre de 2006, cuando Jayden tenía casi dos meses, presenté los papeles. Ambos pedimos la custodia completa de los niños. Lo que yo no entendía era la insistencia de Kevin en que yo pagara todas sus costas procesales. Además, como legalmente yo había iniciado el proceso de divorcio, la prensa me haría responsable de haber destruido a mi joven familia.

La atención de los medios de comunicación fue una locura. No me cabe duda de que favoreció al nuevo disco de Kevin, que se publicó una semana antes de que anunciáramos el divorcio, pero yo fui vilipendiada. Algunas personas intentaron prestarme su apoyo, aunque la prensa a menudo trató de hacerlo siendo cruel con Kevin, lo que en realidad no me ayudaba.

Más adelante, ese mismo mes, fui una de las presentadoras de los premios American Music Awards. Mientras esperaba para salir a escena, Jimmy Kimmel protagonizó un monólogo en el que ridiculizó a Kevin, a quien llamó «el primer cantante de éxito del mundo con cero éxitos». Encerraron a un imitador de Kevin en un cajón de embalaje, subieron el cajón a un camión y fingieron tirarlo al mar.

Sin embargo, esa persona era el padre de mis dos hijos pequeños. Esa violencia de la que era víctima me resultaba perturbadora. Todo el público reía. Yo no sabía que eso iba a suceder y me pilló totalmente desprevenida. Salí a escena y entregué el premio a Mary J. Blige, pero luego regresé entre bastidores e intenté dejar claro que habían actuado a mis espaldas y que eso no me gustaba. Tampoco creía que en plena batalla por la custodia me beneficiara de ningún modo que mi exmarido fuera tratado de esa manera.

Todo el mundo parecía encantado con la noticia de nuestro divorcio; todos menos yo. No tenía ganas de celebrarlo.

Mirándolo en retrospectiva, creo que tanto Justin como Kevin fueron muy inteligentes. Sabían lo que estaban haciendo y jugaron bien sus cartas.

Eso es lo que tiene esta industria. Yo nunca he sabido jugar bien mis cartas. No sé cómo presentarme en ningún sentido. Me vestía mal; mierda, todavía sigo haciéndolo y lo reconozco. Y me esfuerzo por mejorar en ese aspecto. De verdad que lo intento. Pero, al final, a pesar de mis errores, sé que soy una buena persona. Ahora entiendo que hay que ser lo bastante lista, maliciosa y prudente para salir siempre ganando en la industria musical, pero yo no conocía el juego. Era sinceramente inocente…, estaba totalmente perdida. Debía criar sola a dos niños muy pequeños; no tenía tiempo de arreglarme el pelo antes de presentarme ante un aluvión de fotógrafos.

Bueno, era joven y cometí un montón de errores. Pero sí diré algo: no era una manipuladora. Es que era estúpida y punto.

Eso es algo que Justin y Kevin se cargaron de mí. Antes confiaba en la gente. Sin embargo, tras romper con Justin y divorciarme de Kevin, no he vuelto a sentir la misma confianza jamás.

24

Una de las personas más amables conmigo cuando realmente lo necesité fue Paris Hilton. Muchos estadounidenses la despreciaban por considerarla una chica fiestera, pero yo la encontraba elegante, por su forma de posar en la alfombra roja y mirar con suficiencia cuando cualquiera hablaba mal de ella.

Entendió que yo tenía niños pequeños y estaba sufriendo por la ruptura, y creo que sintió lástima por mí. Vino a mi casa y me ayudó muchísimo. Fue muy cariñosa conmigo, mucho. Aparte de esa noche en Las Vegas con Jason Trawick, sentí que hacía siglos que nadie se mostraba tan afectuoso conmigo. Empezamos a salir de fiesta juntas. Me animó a intentar pasármelo bien por primera vez en mucho tiempo.

Con Paris entré en mi etapa fiestera. Pero quiero dejar algo claro: jamás fue tan salvaje como la prensa lo pintó. Hubo una época en la que ni siquiera iba por ahí de noche. Cuando por fin empecé a salir durante unas horas —con los niños en casa, acompañados por cuidadores capacitados—, me quedaba hasta tarde y bebía como cualquier otra veinteañera, solo oía que era la peor madre del mundo y, además, una persona horrible. Los periódicos sensacionalistas estaban plagados de acusaciones: «¡Es una golfa! ¡Va hasta arriba de drogas!».

Jamás tuve un problema con el alcohol. Me gustaba beber, pero nunca se me ha ido de las manos. ¿Que cuál era mi droga favorita? ¿Lo único que consumía aparte del alcohol? Adderall, la anfetamina que recetan a los niños con déficit de atención e hiperactividad. Esa medicación me colocaba, sí, pero lo que más me gustaba era que, durante unas horas, me sentía menos triste. Era lo único que me funcionaba como antidepresivo, y de verdad que lo necesitaba.

Las drogas duras jamás me han llamado la atención. He visto a muchas personas del mundo de la música tomando de todo, pero eso no era para mí. Donde me crie, lo que más hacíamos era beber cerveza; a día de hoy no me gusta beber vino caro porque me escuece la garganta. Y ni siquiera me ha gustado nunca la hierba, excepto esa única vez en Nueva York cuando se me rompió el tacón. Cuando me coloco, solo de olerla hace que me sienta lenta y torpe. La odio.

¿Y qué hicimos Paris y yo esa supuesta noche loca sobre la que todo el mundo armó tanto revuelo, cuando salimos con Lindsay Lohan? Nos emborrachamos. ¡Eso fue todo!

Estábamos en una casa de la playa y mi madre se quedó con los niños para que yo saliera con Paris. Nos lo pasamos bomba: bebimos e hicimos el tonto. Fue genial estar con amigas y desmelenarse. Eso no tenía nada malo.

Al final de una de esas noches de fiesta, entré en la casa de la playa, feliz por mi aventura y todavía un poco borracha.

Mi madre estaba esperándome despierta. Al entrar, me gritó y tuvimos una bronca monumental.

Me dijo que era porque yo estaba como una cuba.

No se equivocaba. Desde luego que lo estaba. Pero eso no suponía incumplir ninguna norma fundamental en mi familia. Además, esa noche le había pedido a ella que hiciera de canguro, para poder salir de forma responsable y que los niños no vieran a su madre ebria.

Sentí una vergüenza fulminante. Me quedé ahí plantada, tambaleándome, y pensé: «Vale, supongo que tengo prohibido salir de fiesta».

Mi madre siempre me hacía sentir mala persona o culpable de algo, aunque yo me hubiera esforzado tanto por ser buena. Eso es lo que siempre ha hecho mi familia: tratarme como si fuera mala. Esa discusión marcó un punto de inflexión en la relación con mi madre. Fui incapaz de volver a verla como antes. Ambas lo intentamos, pero en realidad no funcionó.

Daba igual la cantidad de fans que tuviera en todo el mundo, mis padres jamás creyeron que yo valiera mucho la pena. ¿Cómo puedes tratar a tu hija así cuando está pasando por un divorcio, cuando se siente sola y perdida?

No darle tregua a alguien en tiempos difíciles no está bien, sobre todo si no se encuentra en igualdad de condiciones para responder a un ataque. Cuando por fin me solté y empecé a devolverles mínimamente los reproches —Dios sabe que no eran para nada perfectos—, no les gustó demasiado. Sin embargo, seguían teniendo muchísimo poder emocional sobre mí.

25

Todo lo que se dice sobre convertirse en madre se cumplió para mí. Mis hijos dieron sentido a mi existencia. El amor tan puro e instantáneo que sentí por esas criaturitas me dejó impactada.

Aun así, convertirme en madre con tanta presión en casa y en el mundo exterior fue también muchísimo más difícil de lo que había imaginado.

Separada de mis amigas, empecé a comportarme de forma extraña. Sé que en esos momentos debes centrarte solo en ser madre, pero me resultaba difícil sentarme y jugar con ellos a diario, poner la maternidad por delante. Me sentía confundida. Lo único que había aprendido en la vida era a estar expuesta en todos los sentidos. No sabía ni dónde ir ni qué hacer. ¿Se suponía que debía volver a Luisiana, mi hogar, y ocultarme en una vivienda amurallada?

Lo que ahora veo claro y no era capaz de ver entonces es que me habían despojado de cualquier atisbo de vida normal: salir a la calle sin convertirme en titular de prensa; cometer los errores normales de una madre novata con dos bebés; sentir que podía confiar en las personas de mi entorno. No tenía libertad ni tampoco seguridad. Al mismo tiempo estaba sufriendo, ahora lo sé, una grave depresión posparto. Lo reconozco: me sentía incapaz de vivir si las cosas no mejoraban.

Todos los demás iban a lo suyo, pero a mí me vigilaban en cada esquina. Justin y Kevin podían acostarse con quien quisieran y fumar toda la hierba del mundo y nadie les decía ni mu. Yo llegaba a casa de noche tras salir de fiesta y mi propia madre me ponía a caldo. Por eso me aterrorizaba hacer cualquier cosa. Mi familia logró que me sintiera paralizada.

Me acercaba a cualquiera que entrara en escena y actuara como mediador entre ellos y yo. Sobre todo, a las personas que me sacaban de fiesta y me ayudaban a olvidar, aunque fuera por un rato, la vigilancia a la que estaba sometida. No todas esas personas resultaron ser buena gente a largo plazo, pero, en ese momento, me moría por contar con cualquiera que quisiera ayudarme, fuera como fuese, y que tuviera la habilidad de mantener a mis padres a raya.

Como estrategia de su demanda por la custodia, Kevin intentó convencer a todo el mundo de que yo estaba totalmente descontrolada. Empezó a asegurar que yo no debía seguir teniendo a mis hijos, nunca más.

Cuando dijo aquello, recuerdo que pensé: «Sí, claro, debe de ser coña. Esto es solo para la prensa sensacionalista». Cuando uno lee sobre las peleas entre parejas de famosos, jamás puede saber qué está ocurriendo en realidad. Yo siempre supongo que gran parte de lo que se publica son historias vendidas a la prensa como parte de una estrategia para ver quién juega la mejor mano en la batalla por la custodia. Por eso seguí esperando a que me devolviera a los niños después de llevárselos. No solo no me los devolvió, no me dejó volver a verlos durante semanas.

En enero de 2007, mi tía Sandra falleció tras una lucha larga y brutal contra el cáncer de ovarios. Era como mi segunda madre. En su funeral, junto a su tumba, lloré más que en toda mi vida.

Trabajar me parecía algo impensable. En esa misma época, me llamó un director muy conocido para hablarme de un proyecto en el que estaba embarcado.

—Tengo un papel para ti —me dijo—. Es un personaje muy oscuro.

Lo rechacé porque pensé que no sería sano para mi bienestar emocional. Sin embargo, ahora me pregunto si, por el simple hecho de conocer el personaje, me metí de forma inconsciente en el papel; si quise experimentar lo que se sentiría siendo esa persona.

Durante mucho tiempo, viví con una nube negra encima. De cara a la galería, no obstante, intentaba mantener la apariencia que la gente esperaba de mí, seguir actuando como querían: complaciente y estupenda a todas horas. Pero, a esas alturas, ya no quedaba nada de esa pátina que me embellecía. Era puro nervio.

En febrero, tras varias semanas sin tener contacto con mis hijos, totalmente consumida por la pena, fui a suplicar que me dejaran verlos. Kevin me prohibió entrar. Se lo rogué. Jayden James tenía cinco meses y Sean Preston, diecisiete. Imaginaba que no sabían dónde estaba su madre y que se preguntaban por qué no querría estar con ellos. Me entraron ganas de derribar la puerta con un ariete para alcanzarlos. Ya no sabía qué hacer.

Los paparazzi fueron testigos de todo. No puedo describir la humillación que sentí. Me tenían acorralada. Como siempre, yo era la presa de esos hombres pendientes de que hiciera algo que pudieran fotografiar.

Y esa noche les di un material de primera.

Entré en una peluquería, agarré la maquinilla de afeitar y me rapé al cero.

A todo el mundo le pareció divertidísimo. «¡Mirad lo loca que está!». Hasta mis padres se avergonzaron de mí. Pero nadie entendía que me había desquiciado por la pena. Me habían quitado a mis hijos.

Con la cabeza rapada, todo el mundo se asustaba de mí, incluso mi madre. Nadie quería hablar conmigo porque estaba muy fea.

Mi melena constituía gran parte de mi atractivo; eso lo sabía bien. Sabía que para muchos chicos el pelo largo resulta muy sexy.

Raparme al cero fue una manera de decirle al mundo: «Que os den. ¿Queréis que esté guapa para vosotros? Que os den. ¿Queréis que sea buena para vosotros? Que os den. ¿Queréis que sea la chica de vuestros sueños? Que os den». Llevaba años siendo la niña buena. Sonreía educadamente en los programas de televisión mientras los presentadores me miraban los pechos lascivamente; mientras los padres estadounidenses afirmaban que estaba destrozando la vida de sus hijas por llevar un top ombliguero; mientras los ejecutivos me daban palmaditas condescendientes en la mano y se replanteaban mis opciones profesionales aunque hubiera vendido millones de discos; mientras mi familia se comportaba como si fuera una mala persona... Y estaba harta de todo eso.

La verdad era que no me importaba. Lo único que quería era ver a mis hijos. Me ponía enferma pensar en las horas, días y semanas que me había perdido de estar con ellos. Los momentos más especiales de mi vida eran las siestas con mis niños. Es lo más cerca que me he sentido de Dios: durmiendo con mis preciosos bebés, oliendo su pelo, tomando sus manitas.

Sentía una rabia incontenible. Creo que muchas mujeres lo entienden. Una amiga mía dijo una vez: «Si alguien me hubiera quitado a mi hijo, habría hecho algo mucho peor que cortarme el pelo. Habría prendido fuego a la ciudad hasta reducirla a cenizas».

26

En el intento por soportar esas semanas sin mis hijos, perdí los papeles varias veces. Ni siquiera sabía cuidar de mí misma. A causa del divorcio me había tenido que marchar de la casa que adoraba y estaba viviendo en una casa cualquiera de estilo rural inglés en Beverly Hills. Los paparazzi la rondaban como locos, como tiburones oliendo un rastro de sangre en el agua.

Cuando me rapé por primera vez, lo sentí casi como un acto religioso. Vivía en un estado de pureza del ser.

Para los momentos en que quería salir a la calle, me compré siete pelucas, todas de melena corta. Pero si no podía ver a mis hijos, no me apetecía ver a nadie.

Pocos días después de raparme, mi prima Alli me llevó de nuevo a casa de Kevin. Había pensado que al menos esa vez no estarían los paparazzi de testigos. Sin embargo, al parecer alguien le dio el chivatazo a un fotógrafo y este llamó a un colega.

Cuando nos detuvimos en una gasolinera, los dos vinieron a por mí. No paraban de hacerme fotos con flash con una cámara gigantesca y de grabarme en vídeo a través de la ventanilla del coche, mientras yo estaba ahí, abatida, en el asiento del copiloto, esperando a que Alli regresara. Uno de ellos me hacía preguntas: «¿Qué estás haciendo? ¿Estás bien? Me preocupas».

Continuamos la ruta hacia la casa de Kevin. Los dos paparazzi nos siguieron y me hicieron fotos mientras, una vez más, me prohibían entrar en la casa. Me impidieron ver a mis hijos.

Cuando nos marchamos, Alli estacionó el coche para pensar en qué podíamos hacer. El tío con la videocámara volvía a estar pegado a mi ventanilla.

—Lo que pretendo, Britney, lo único que pretendo, es hacerte un par de preguntas —dijo uno de ellos con mirada maliciosa. No estaba pidiéndome permiso. Estaba anunciándome lo que iba a hacer—. Y luego te dejaré en paz.

Alli empezó a suplicar a los hombres que se fueran.

—Por favor, tíos. No, tíos. Por favor, por favor…

Estaba siendo educada y rogándoles como si tuvieran que perdonarnos la vida; esa era la sensación que daba.

Pero ellos no claudicaron. Y yo grité.

Eso les gustaba…, cuando yo me enfadaba. Uno de los tíos no se fue hasta conseguir lo que quería. Seguía sonriendo con suficiencia, seguía haciéndome las mismas preguntas horribles, una y otra vez, intentando que volviera a enfadarme. Su tono de voz era tan espantoso…, expresaba tanta falta de humanidad…

Ese era uno de los peores momentos de mi vida y él no paraba de acosarme. ¿Es que no podía tratarme como a un ser humano? ¿No podía largarse? No lo hacía. No dejaba de insistir. Seguía preguntándome, sin cesar, cómo me sentía al no poder ver a mis niños. Y lo hacía sonriendo.

Al final, estallé.

Agarré lo primero que vi, un paraguas verde, y bajé corriendo del coche. No iba a pegarle, porque, incluso estando así de mal, no me gusta la violencia. Golpeé lo que tenía más a mano: el coche del tío.

La verdad es que fue patético. Con un paraguas. Con algo así no se hace daño. Fue la reacción desesperada de una persona desesperada.

Me sentí tan avergonzada por lo que había hecho que envié a la agencia fotográfica una nota de disculpa, comentando que había estado en la audición de una película para un papel oscuro, lo cual era cierto, y que no era yo misma, lo que también era cierto.

Al final, en una entrevista para un documental sobre mí, ese paparazzi dijo: «Esa no fue una buena noche para ella… Pero sí fue una buena noche para nosotros, porque conseguimos sacar la foto del millón».

Ahora mi marido, Hesam, dice que es todo un fenómeno lo de que las chicas guapas se rapen el pelo. Piensa que mola un montón: la opción de no seguir los mandatos de la belleza convencional. Intenta hacerme sentir mejor con el tema porque le entristece lo mucho que aún me duele lo que ocurrió.

27

Parecía que estaba viviendo al borde de un precipicio.

Un tiempo después de afeitarme la cabeza, recuerdo que fui al apartamento de Bryan en Los Ángeles. Tenía allí a dos novias de su pasado en Mississippi; también estaba mi madre. Debido a mi mal aspecto, ella ni siquiera me miraba, lo que demuestra que al mundo solo le interesa tu apariencia física, aunque estés sufriendo y en tu momento más bajo.

Ese invierno, me habían dicho que acudir a desintoxicación me ayudaría a recuperar la custodia. Y, por eso, aunque creía que tenía más rabia y tristeza que un problema de abuso de drogas, fui a la clínica.

Cuando llegué, mi padre estaba ahí. Se sentó frente a mí; había tres mesas de pícnic entre nosotros. Dijo: «Eres una deshonra».

Al rememorarlo ahora, pienso: «¿Por qué no le pedí a Big Rob que me ayudara?». Ya me sentía tan avergonzada y abochornada, y ahí estaba mi padre diciéndome que era una deshonra. Era la definición exacta de hacer leña del árbol caído. Me estaba tratando como a un perro, un perro feo. No tenía a nadie. Estaba muy sola. Supongo que un aspecto positivo de la rehabilitación fue que empecé el proceso de curación. Estaba decidida a revertir una situación muy oscura.

Cuando salí, conseguí temporalmente la custodia compartida gracias a la ayuda de un gran abogado. Sin embargo, la batalla con Kevin era cada vez más violenta y estaba consumiéndome viva.

Blackout, lo que más me llena de orgullo de toda mi carrera, salió más o menos en Halloween de 2007. Se suponía que debía interpretar «Gimme More» en los VMA como parte de su promoción. No quería hacerlo, pero mi equipo me presionaba para dejarme ver y demostrar al mundo que estaba bien.

El único problema de ese plan era el siguiente: yo no estaba bien.

Esa noche, entre bastidores de los premios de la MTV, todo estaba yendo mal. Había un problema con mi vestuario y las extensiones de pelo. No había dormido la noche anterior. Me sentía mareada. Hacía menos de un año que había tenido al segundo de dos hijos en un periodo de veinticuatro meses, pero todo el mundo actuaba como si el hecho de que no se me marcaran los abdominales fuera algo ofensivo. No podía creer que tuviera que salir al escenario sintiéndome así.

Me topé con Justin fuera del escenario. Había pasado un tiempo desde la última vez que nos habíamos visto. A él le iba todo de maravilla. Estaba en lo más alto en todos los sentidos, y se mostró muy arrogante. Yo estaba en pleno ataque de pánico. No había ensayado lo suficiente. Odiaba mi aspecto. Sabía que iba a salir mal.

Aparecí en escena e hice lo que pude en ese momento, que —sin duda— estaba muy lejos de lo mejor que podría haber hecho en otro instante de mi vida. Me veía en la pantalla de vídeo del auditorio mientras actuaba; era como verme reflejada en un espejo de la casa del terror.

No pienso defender esa actuación ni decir que fue buena, pero sí diré que todos los intérpretes tienen noches malas. Lo que no es habitual es que luego sufran consecuencias tan brutales.

Tener uno de los peores días de su vida en el mismo lugar y momento en que un ex tiene uno de sus mejores días tampoco es algo que le ocurra a mucha gente.

Justin bordó su actuación, deslumbró en la pasarela que recorría mientras cantaba. Coqueteaba con todas las chicas del público, incluida una que se giró, se arqueó y empezó a contonear los pechos mientras él cantaba para ella. Luego compartió escenario con Nelly Furtado y Timbaland; parecía tan divertido, tan libre, tan despreocupado...

Más tarde, esa misma noche, la cómica Sarah Silverman salió a escena para ponerme a caldo. Dijo que, a mis veinticinco años, ya había conseguido todo lo que llegaría a lograr en la vida. Llamó a mis dos pequeños «los dos errores más adorables que veréis jamás».

Sin embargo, no lo oí hasta más adelante. En ese momento, estaba llorando de forma descontrolada entre bastidores.

Durante los días y semanas posteriores, los periódicos se burlaron de mi cuerpo y de mi actuación. El famoso presentador Dr. Phil la calificó de «absoluto desastre».

Mi única intervención en los medios sobre *Blackout* fue una entrevista radiofónica en directo con Ryan Seacrest cuando salió en octubre de 2007. Durante la entrevista, que supuestamente era sobre el álbum, Ryan me hizo preguntas del tipo: «¿Cómo respondes a quienes te critican como madre?», «¿Sientes que estás haciendo todo lo que puedes por tus hijos?» y «¿Cada cuánto los verás?».

Tenía la sensación de que la gente solo quería hablar de una cosa: de si era o no una buena madre. Y no de cómo había conseguido producir un álbum tan potente mientras sostenía a dos bebés en las caderas y era perseguida por docenas de hombres peligrosos día sí y día también.

Mi equipo de agentes renunció. Un guardaespaldas se presentó en el juicio como testigo de la abogada Gloria Allred en la causa por la custodia. Declaró que yo consumía drogas; no lo sometieron a un contrainterrogatorio.

Una psicóloga de familia designada por el tribunal declaró que yo amaba a mis hijos y que teníamos un vínculo innegable. También dijo que en mi hogar no se producía nada que pudiera calificarse de maltrato.

Pero esas declaraciones no ocuparon ningún titular.

28

Un día a principios de enero de 2008 tenía a los niños conmigo, y al final de la visita un guardaespaldas que antes había trabajado para mí y en ese momento lo hacía para Kevin vino a recogerlos.

Primero llevó a Preston al coche. Cuando regresó a por Jayden me asaltó una idea: quizá no volviera a ver a mis hijos nunca más. Tal como había ido mi caso respecto a la custodia, me aterró no recuperar a mis niños si los entregaba.

Corrí al baño con Jayden y cerré la puerta; simplemente no podía dejar que se fuera. No quería que nadie se llevara a mi hijo. Una amiga que se encontraba en casa se acercó a la puerta del baño y me dijo que el guardaespaldas esperaría. Abracé a Jayden y me deshice en lágrimas. Pero nadie me iba a conceder más tiempo. Antes de que comprendiera lo que estaba ocurriendo, un equipo de las fuerzas especiales de la policía, con su uniforme negro, forzaron la puerta e irrumpieron en el baño como si hubiera herido a alguien. De lo único que era culpable era de sentir la desesperante necesidad de tener a mis hijos conmigo un par de horas más y de conseguir la garantía de que no iba a perderlos para siempre. Miré a mi amiga y susurré:

—Pero dijiste que iba a esperar.

Una vez me arrebataron a Jayden, me ataron sobre una camilla y me llevaron al hospital.

El hospital me dio el alta antes de que concluyera el ingreso de setenta y dos horas. Pero el daño ya estaba hecho. Y no ayudó el que los paparazzi redoblaran su persecución.

Se celebró una nueva vista por la custodia de mis hijos y me dijeron que—porque me había aterrorizado tanto perderlos que entré en pánico—a partir de ese momento iba a verlos incluso menos.

Sentía que nadie me apoyaba. Ni siquiera a mi familia parecía importarle. Casi en Navidad, me enteré del embarazo de mi hermana de dieciséis años por una exclusiva de la prensa sensacionalista. La familia me lo había ocultado. Fue más o menos en la misma época en que Jamie Lynn a punto estuvo de presentar la solicitud de emancipación de nuestros padres. Entre otras cosas, los acusaba de haberle quitado el móvil. Había logrado comunicarse con el mundo exterior mediante teléfonos de tarjeta prepago que conseguía en secreto.

Ahora entiendo que si alguien no está bien —y yo estaba realmente mal— ese es el momento en que debes acercarte a esa persona y acogerla. Kevin me arrebató mi mundo. Me dejó sin aliento. Y mi familia no me acogió.

Empecé a creer que en el fondo se alegraban de que estuviera pasando por el peor momento de mi existencia. Pero seguro que eso no podía ser cierto. Seguro que estaba volviéndome loca.

¿Verdad?

29

En Los Ángeles hace calor y luce el sol todo el año. Conduciendo por la ciudad, a veces resulta difícil recordar qué estación es. Mires a donde mires, la gente lleva gafas de sol y va bebiendo refrescos con una pajita, sonriendo y riendo bajo el despejado cielo azul. Pero en enero de 2008, el invierno fue realmente invierno, incluso en California, porque yo me sentía sola, destemplada y estaba ingresada.

Seguramente no debería reconocerlo, pero estaba hecha un basilisco. Tomaba un montón de Adderall.

Era un auténtico desastre y reconozco que me equivoqué. Estaba muy enfadada por lo que había pasado con Kevin. Lo había intentado por todos los medios con él. Le había dado todo.

Y él me había traicionado.

Empecé a salir con un fotógrafo. Me colé por él hasta los huesos. Había sido paparazzi, por eso entendía que la gente creyera que él no tenía buenas intenciones, pero en ese momento de mi vida me trató con caballerosidad y me defendía cuando otras personas se ponían demasiado agresivas.

En aquel entonces, no me callaba si algo no me gustaba.

Sin duda lo hacía saber. Y no le daba la menor importancia. (Si me hubieran golpeado en la cara en Las Vegas, como de hecho me ocurrió en julio de 2023, habría devuelto el golpe, fijo).

No le temía a nada.

Los paparazzi no dejaban de perseguirnos. Las cacerías resultaban realmente demenciales: a veces eran agresivos, a veces casi juguetones. Muchos trataban de hacerme parecer mala, de obtener la foto del millón que dijera: «Oh, está perdida y en este instante parece una loca». Pero a veces también querían ofrecer de mí una buena imagen.

Un día, nos estaban persiguiendo al fotógrafo y a mí, y fue uno de esos momentos con él que nunca olvidaré. Conducíamos deprisa, cerca del borde de un risco, y no sé por qué, pero decidí hacer un trompo, ahí justo en el borde. Sinceramente, ni siquiera sabía que podía hacer un trompo, estaba completamente fuera de mí, así que creo que Dios intervino. Pero lo clavé; las ruedas traseras del coche se detuvieron en lo que parecía el mismo borde, y, si las ruedas hubieran rotado quizá tres veces más, habríamos caído por el precipicio.

Le miré; él me miró.

—Podríamos habernos matado —dije.

Me sentí muy viva.

Como padres, siempre les estamos diciendo a nuestros hijos: «Manteneos a salvo. No hagáis esto; no hagáis lo otro». Pero, aunque la seguridad es lo más importante, también creo que es conveniente vivir desafíos para sentirnos liberados, perder el miedo y experimentar todo lo que el mundo tiene que ofrecer.

Por aquel entonces no sabía que el fotógrafo estaba casado; no tenía ni idea de que, en realidad, yo era su amante. Me enteré cuando rompimos. Yo solo pensaba que era muy divertido y que el tiempo que pasamos juntos fue tremendamente sexy. Él era diez años mayor que yo.

Daba igual a donde saliera —y durante un tiempo salí muchísimo—, allí estaban los paparazzi. Sin embargo, a pesar de todos los artículos que aseguraban que estaba descontrolada, no sé si estuve alguna vez tan ida como para justificar lo que ocurrió a continuación. La verdad es que estaba triste, más que triste, porque echaba de menos a mis niños cuando estaban con Kevin.

El fotógrafo me ayudó con la depresión. Yo anhelaba recibir atención, y él me daba toda la que necesitaba. Teníamos una relación muy pasional. A mi familia no le gustaba, pero a mí tampoco me gustaban muchas cosas de ellos.

El fotógrafo me animaba a rebelarme. No le importaban mis locuras, es más, me amaba por ello. Me amaba de manera incondicional. No era como mi madre, que me gritaba por salir de fiesta. Él me decía: «Tía, adelante, venga, ¡haz lo que te dé la gana!». No era como mi padre, que me ponía condiciones imposibles para quererme.

Por eso, con el apoyo del fotógrafo, hacía lo que se me antojaba. Comportarme de forma tan salvaje me hacía sentir radical. Ser tan distinta a como todo el mundo deseaba que fuera.

Hablaba como si estuviera loca. Siempre la liaba, en todas partes, incluso en los restaurantes. La gente salía para comer conmigo y yo me recostaba en la mesa. Era una forma de decir «¡Que te den!» a cualquiera que se me acercara.

Voy a decirlo claro: era mala.

Aunque a lo mejor no era tan mala, sino que estaba muy, pero que muy cabreada.

Quería escapar. No tenía a mis hijos, y necesitaba evadirme de los medios y los paparazzi. Quería desaparecer de Los Ángeles, así que el fotógrafo y yo nos fuimos de viaje a México.

Fue como si hubiera huido a un lugar seguro. En cualquier otro sitio habría tenido a millones de personas frente a mi puerta. Pero al irme de Los Ángeles, aunque fue por poco tiempo, me sentí lejos de todo. Funcionó. Por un tiempo me sentí mejor. Debería haberle sacado mayor provecho.

Parecía que mi relación con el fotógrafo estaba volviéndose más seria y, a medida que iba sucediendo, casualmente mi familia intentó un acercamiento. Y eso me escamó.

Mi madre me llamó un día.

—Britney, creemos que está pasando algo. Hemos oído que la policía va a por ti. Vámonos a la casa de la playa —me dijo.

—¿Que la policía me busca? —le pregunté—. ¿Por qué?

Yo no había hecho nada ilegal. De eso estaba segura. Sí que había montado alguna escenita. Había hecho de las mías. Había estado colocada de Adderall y había hecho alguna locura. Pero no había cometido ningún delito. De hecho, como mi madre sabía, había estado con unas amigas los dos días previos a su llamada. Mi madre y yo nos habíamos quedado a dormir con mi prima Alli y otras dos amigas.

—¡Tú ven a la casa! —insistió—. Queremos hablar contigo.

Así que fui a la playa con ellos. El fotógrafo se reunió allí conmigo.

Mi madre actuaba de forma sospechosa.

—Pasa algo, ¿verdad? —me preguntó el fotógrafo al llegar.

—Sí —le dije—. Algo va muy mal.

De pronto, un montón de helicópteros rodearon la casa.

—¿Todo esto es por mí? —le pregunté a mi madre—. ¿Es una broma?

No era una broma.

De repente, un grupo de los cuerpos especiales de la policía, formado por lo que parecía unos veinte agentes, se presentó en mi casa.

—¿Pero qué coño he hecho yo? —preguntaba gritando sin parar—. ¡Yo no he hecho nada!

Sé que había estado comportándome como una loca, pero nada de lo que hubiera hecho justificaba que me trataran como si fuera una atracadora de bancos. Nada justificaba que le dieran un vuelco a mi vida.

Más adelante llegué a creer que algo había cambiado ese mes desde la última vez que me llevaron al hospital para mi chequeo. Mi padre había trabado una estrecha amistad con Louise Taylor, Lou, a la que veneraba. Ella sería la pieza principal de la implantación de la curatela que les permitiría más tarde controlar y adueñarse de mi carrera. Lou, que acababa de poner en marcha una nueva empresa llamada Tri Star Sports & Entertainment Group, era la que llevaba las riendas justo antes de la implantación de mi curatela. En ese momento, tenía muy pocos clientes reales. Básicamente, montó su empresa a partir de mi nombre y de mi esfuerzo.

Las curatelas, también llamadas tutelajes, se reservan normalmente para personas discapacitadas mentalmente, personas que no pueden hacer nada por sí mismas. Pero yo era altamente funcional. Acababa de hacer el mejor álbum de mi carrera. Estaba haciendo ganar mucho dinero a mucha gente, especialmente a mi padre, que según descubrí se asignó un salario superior al que me pagaba, y cobró más de seis millones de dólares, a la vez que hizo ganar a otros allegados suyos decenas de millones de dólares más.

La cuestión es que puede aplicarse una curatela durante dos meses, y si luego la persona afectada mejora puede volver a controlar su vida libremente. Pero eso no era lo que quería mi padre. Quería mucho más.

Consiguió autorizar dos tipos de curatela: la «curatela de la persona» y la «curatela de los bienes». Se asigna al curador el control de todo lo relativo a la vida de la persona sujeta a la curatela, como el lugar donde vive, lo que come, si puede conducir un coche o no y lo que hace a diario. A pesar de que supliqué al tribunal que, literalmente, designara a cualquier otra persona —y con esto quiero decir que cualquiera que pasara por la calle habría sido mejor—, encomendaron a mi padre la tarea, al mismo hombre que me hacía llorar de pequeña cuando tenía que ir con él en el coche porque iba hablando solo. Dijeron al tribunal que yo no estaba en plena posesión de mis facultades y por eso no me autorizaron siquiera a escoger mi propio abogado.

El curador de los bienes —unos bienes que, en mi caso, tenían un valor de decenas de millones de dólares en ese momento— gestiona los asuntos económicos de la persona sujeta a la curatela para evitar que se vea sometida a «influencia indebida o fraude». Mi padre asumió esta función junto con un abogado llamado Andrew Wallet, quien acabaría recibiendo cuatrocientos veintiséis mil dólares al año por mantenerme alejada de mi propio dinero. Asimismo, me vería obligada a pagar un mínimo de quinientos mil dólares al año al abogado que me fue asignado por el tribunal, a quien no tenía derecho a sustituir.

Parecía que mi padre y la empleada de Lou, Robin Greenhill, gobernaban mi vida y monitorizaban hasta mi último movimiento. Soy una cantante pop de metro sesenta y dos que se dirige a todo el mundo como «señor» y «señora», pero ellos me trataban como si fuera una criminal o una depredadora.

A lo largo de los años, hubo veces en que necesité a mi padre y lo llamé, pero él no estaba. Sin embargo, cuando le llegó el momento de ser mi curador, por supuesto fue el primero en llegar. El dinero es lo único que le ha importado siempre.

No puedo decir que mi madre lo hiciera mucho mejor. Se hizo la inocente cuando vino a casa para pasar la noche conmigo y mis amigas. Sabía desde el principio que me iban a aislar. Estoy convencida de que lo tenían todo planeado, y que mis padres y Lou Taylor lo habían maquinado. Tri Star incluso estaba planeando adoptar el papel de cocuradora.

Más tarde supe que, en el momento en que me sometieron a la curatela, justo después de la bancarrota mi padre estaba endeudado con Lou, le debía al menos cuarenta mil dólares, una fortuna para él, sobre todo entonces. Esto es lo que mi nuevo abogado Mathew Rosengart más tarde llamaría «conflicto de intereses» en el tribunal.

Poco después de que me llevaran al hospital en contra de mi voluntad, me informaron de que habían presentado los papeles para la curatela.

30

Mientras todo mi mundo se desmoronaba, mi madre estaba escribiendo unas memorias. Escribió sobre la experiencia de ver cómo su hermosa hija se rapaba el pelo y preguntarse cómo era posible. Dijo que antes yo era «la niña más feliz del mundo».

Cuando tomaba una mala decisión, era como si a mi madre no le afectara. Comentaba cada uno de mis errores en televisión para promocionar su libro.

Lo escribió para sacar dinero mencionándome y hablando de cómo nos había criado a mí, a mi hermano y a mi hermana en un momento en que los tres estábamos para el arrastre. Jamie Lynn era una adolescente embarazada. Bryan luchaba por encontrar su lugar en el mundo y todavía estaba convencido de que había decepcionado a nuestro padre. Y yo estaba en pleno hundimiento.

Cuando más tarde se publicó el libro, mi madre apareció en todos los programas de la mañana. Encendía la tele y veía montajes de vídeo míos y mi cabeza rapada en la pantalla. Mi madre le contó a Meredith Vieira en el programa *Today* que había pasado horas preguntándose por qué las cosas habían ido tan mal conmigo. En otro programa, la audiencia aplaudió cuando mi madre contó que mi hermana de dieciséis años estaba embarazada. Al parecer, no había nada que objetar, ¡porque seguía con el padre! Sí, claro, qué maravilla: seguía casada con su marido e iba a tener un hijo a los diecisiete. ¡Todavía estaban juntos! ¡Genial! ¡Qué importaba que una niña fuera a ser madre!

Yo estaba en el peor momento de mi vida, y mi madre estaba diciéndole al público: «Oh, sí, y encima está lo de Britney…».

Y en todos los programas se veían imágenes mías con la cabeza rapada.

Su libro tuvo un enorme éxito, y todo a mi costa. El momento fue jodidamente inoportuno.

Estoy dispuesta a admitir que, debido al dolor de lo que reconozco ahora como una grave depresión posparto, la tortura de ser separada de mis dos bebés, la muerte de mi adorada tía Sandra y el acoso constante de los paparazzi, sí que empezaba a pensar, en cierto sentido, como una niña.

Con todo, al considerar las peores cosas que hice durante esa época, no creo que la suma de todo ello se acerque, ni de lejos, a la crueldad que suponía el hecho de que mi madre escribiera y promocionara ese libro.

Aparecía en esos programas matutinos e intentaba vender el libro mientras yo estaba ingresada y volviéndome loca al seguir separada de mis hijos durante semanas. Mi madre estaba haciendo caja con esa época terrible de mi vida.

En ese instante era una cría tonta. Hablando en plata: era la más tonta del mundo. Es la verdad. Pero la conclusión de muchos lectores del libro de mi madre fue la siguiente: «Oh,

Britney es malísima». ¡Incluso yo llegué a creer que era mala al leerlo! Por si fuera poco, lo escribió en un momento en que ya me sentía totalmente abochornada.

Estaba destrozada por completo. Además de autoflagelarme y sentirme como un fracaso ante el resto del mundo, creía que merecía ser ridiculizada por mi madre en la televisión nacional durante la promoción de su libro.

Juro por Dios que lloro solo de pensar en mis hijos sufriendo algo tan espantoso como lo que yo sufrí cuando eran pequeños. Si uno de mis niños estuviera experimentando algo parecido, ¿alguien cree que escribiría un libro sobre ello?

Rogaría a Dios. Haría cualquier cosa para ayudarlo en esa situación, para apoyarlo, para mejorar las circunstancias.

Lo último que haría sería ir a la peluquería para ponerme mona con un corte bob, vestirme con un elegante traje de chaqueta y sentarme en un programa matinal delante de la zorra de Meredith Vieira para hacer caja con las desgracias de mi hijo.

Algunas veces suelto la mierda en Instagram. La gente no sabe por qué siento tanta rabia contra mis padres. Pero creo que, si estuvieran en mi piel, lo entenderían.

31

La curatela fue solicitada porque supuestamente yo era incapaz de hacer cualquier cosa: alimentarme, gastar mi propio dinero, ser madre…, cualquier cosa. Así que… ¿por qué me llevaron unas semanas más tarde a grabar un episodio de *Cómo conocí a vuestra madre* y luego me lanzaron a una extenuante gira mundial?

Después de que empezara la curatela, mi madre y la novia de mi hermano se cortaron el pelo y fueron a cenar, con vino incluido. Los paparazzi estaban allí y tomaron la fotografía. Parecía que todo estaba resuelto. Mi padre echó a mi novio y ya no pude conducir. Mis padres me privaron de mi condición de mujer. Para ellos fue todo de lo más beneficioso.

No podía creer que el estado de California permitiera que un hombre como mi padre —alcohólico, declarado en bancarrota, empresario fracasado, que me aterrorizaba de niña— me controlara después de todo lo que yo había conseguido y todo lo que había hecho.

Pensé en los consejos que me había dado mi padre a lo largo de los años, a los que yo me había resistido, y me pregunté si podría seguir resistiéndome. Mi padre me presentaba la curatela como una piedra angular para el camino hacia mi «vuelta a los escenarios». Meses antes había publicado el mejor álbum de mi carrera, pero… vale. Lo que le oía decir a mi padre era: «¡Ahora está de maravilla! ¡Está trabajando para nosotros! Es una situación ideal para la familia».

¿Era ideal para mí? ¿O para él?

«¡Qué curioso! —pensé—. Puedo volver a trabajar como si aquí no hubiera pasado nada. Estoy demasiado loca para escoger un novio, pero, de alguna forma, estoy cuerda para aparecer en series televisivas y programas matinales, y para actuar ante miles de personas en un lugar diferente del mundo cada semana».

A partir de ese momento, empecé a pensar que mi padre me veía exclusivamente como alguien nacido para generarle ganancias sin límite.

En mi casa, mi padre se quedó con el pequeño estudio y el área del bar y los convirtió en su despacho. Allí era donde yo tenía un cuenco con un puñado de facturas dentro.

Sí, lo confieso: era la típica rarita que guardaba todas las facturas en un cuenco. Sumaba mis gastos semanales, a la antigua usanza, para llevar un control de lo que podía desgravar a la hora de pagar impuestos. Aunque estaba pasando por un momento de caos, la esencia de mi persona seguía ahí. Para mí, ese cuenco con las facturas demostraba que todavía era capaz de gestionar mis asuntos. Conocía a músicos que consumían heroína, se metían en peleas y lanzaban teles por las ventanas de los hoteles. Yo no solo no robaba nada ni le hacía daño a nadie ni tomaba drogas duras…, es que era capaz de llevar un recuento de lo que podía desgravar para el pago de impuestos.

Pero ya no podía hacerlo. Mi padre escondió el cuenco con las facturas al colocar sus cosas sobre la barra del bar.

—Solo quiero que sepas —dijo— que ahora mando yo. Tú siéntate ahí en ese taburete y te contaré lo que pasa.

Me quedé mirándolo con una sensación creciente de terror.

—Ahora yo soy Britney Spears —añadió.

32

En una de las raras ocasiones que salí a la calle —para ir a la casa de mi agente y amigo Cade a cenar con unos conocidos—, el equipo de seguridad peinó la casa de Cade antes de mi llegada para asegurarse de que no había alcohol ni drogas, ni siquiera analgésicos. Ningún invitado a la fiesta podía beber hasta que yo me marchara. Todos fueron muy respetuosos con eso, pero tuve la sensación de que la auténtica fiesta empezó en cuanto me fui.

Cuando alguien quería tener una cita conmigo, el equipo de seguridad a las órdenes de mi padre investigaba el pasado del chico, le obligaban a firmar un contrato de confidencialidad e incluso a entregar una analítica de sangre. (Y mi padre dictaminó que no podía volver a ver jamás al fotógrafo con el que había estado saliendo).

Antes de una cita, Robin le contaba al chico mi historial médico y sexual. Ojo al dato: esto ocurría antes de nuestra primera cita. Ese sistema resultaba humillante y la locura que suponía me impedía encontrar un compañero, pasarlo bien saliendo de noche o hacer nuevos amigos, y, sobre todo, enamorarme.

Sabiendo la forma en que mi padre fue criado por June y la forma en que yo misma fui criada por él, tuve claro desde el principio que sería una auténtica pesadilla que él estuviera al mando. La idea de que mi padre dominara hasta el último aspecto de mi vida me llenaba de pavor. Pero ¿que se adueñara de todo? Era lo peor que podía pasarle a mi música, a mi carrera y a mi salud mental.

No tardé nada en llamar al gilipollas del abogado que me había asignado el tribunal para pedirle ayuda. Por increíble que parezca, era mi único recurso, aunque yo no lo hubiera escogido. Me dijeron que no podía contratar a nadie nuevo, porque mi abogado debía ser autorizado por el juzgado. Mucho después, descubrí que aquello era una mentira: durante trece años no supe que podría haber tenido un letrado de mi elección. Tenía la sensación de que el abogado designado por el juzgado no tenía muchas ganas de ayudarme a entender qué estaba ocurriendo ni a luchar por mis derechos.

Mi madre, muy amiga del gobernador de Luisiana, podría haberme puesto en contacto con él por teléfono, y él me habría informado de que podía contratar mi propio abogado. Pero lo mantuvo en secreto; en cambio, contrató uno para ella, por si tenía que enfrentarse a mi padre, como había hecho cuando yo era más joven.

Me rebelé en varios momentos, sobre todo cuando mi padre me restringió el acceso al móvil. Intenté que me consiguieran un teléfono particular para tratar de liberarme. Pero siempre me pillaban.

Y esta es la triste y pura verdad: después de todo lo que había pasado, no tenía muchas fuerzas para seguir luchando. Estaba cansada y asustada. Después de que me ataran a una camilla, sabía que podían contenerme físicamente siempre que quisieran. «Podrían intentar matarme», pensé. Y empecé a preguntarme si de verdad querían hacerlo.

Así que cuando mi padre dijo «ahora mando yo», pensé: «Esto ya es demasiado». Pero no veía la forma de escapar. Sentí cómo se apagaba mi espíritu y me puse en modo piloto automático. Se me ocurrió que, si les seguía el juego, verían lo buena que era y me dejarían en libertad.

Así que les seguí el juego.

Después de casarme con Kevin y tener a los niños, Felicia siguió allí un poco más, y siempre la había adorado, pero, en cuanto dejé de salir de gira y empecé a trabajar menos, perdimos el contacto. Se habló durante un tiempo sobre la posibilidad de que Felicia volviera al equipo para la gira Circus, pero, de algún modo, jamás volví a tenerla como asistente. Más tarde supe que mi padre le había contado que yo no quería que trabajara más para mí. Pero yo jamás dije tal cosa. De haber sabido que ella deseaba colaborar conmigo, nunca me habría negado. Sin que yo lo supiera, mi padre estaba evitando que la viera.

Hubo muchos amigos íntimos a los que no volví a ver más. Y, hasta el día de hoy, sigo sin verlos. Eso me dejó más bloqueada mentalmente incluso que antes.

Mis padres llamaron a algunas antiguas amigas de Kentwood para que vinieran a verme y me animaran.

No, gracias.

O sea, las quería muchísimo, pero ya tenían hijos y habían seguido con su vida. Me parecía que vendrían a verme más por lástima que por gusto. La ayuda es positiva, pero no lo es si no la estás pidiendo. No lo es si no puedes escogerla con libertad.

Me resulta difícil regresar al capítulo más oscuro de mi vida y plantearme qué podría haber sido distinto si me hubiera rebelado con más fuerza. No me gusta para nada pensar en ello, en absoluto. No puedo permitírmelo, sinceramente. He sufrido demasiado.

Cuando empezó la curatela, era cierto que yo salía de fiesta. Mi cuerpo ya no podía aguantarlo más. Había llegado el momento de tranquilizarse. Sin embargo, pasé de ser una fiestera a ser una monja de clausura. Sujeta a la curatela, no hacía nada de nada.

Un día estaba con el fotógrafo, conduciendo a toda velocidad mi coche, viviendo a tope, y, al día siguiente, estaba sola, sin hacer nada, sin tener ni siquiera permiso para acceder a mi móvil. Fue como cambiar de vida.

Mi antigua yo tenía libertad: la libertad de tomar sus propias decisiones, gestionar su propia agenda, despertarse y decidir cómo quería pasar la jornada. Incluso los días difíciles eran mis días difíciles. En mi nueva vida, en cuanto dejé de luchar, me despertaba todas las mañanas y hacía la pregunta de rigor: «¿Qué vamos a hacer?».

Y entonces hacía lo que me ordenaban.

Cuando estaba a solas, por las noches, intentaba encontrar la inspiración en alguna música bonita o que me transportara a otro lugar, en películas, libros..., cualquier cosa que me ayudara a olvidar el horror que estaba viviendo. Al igual que había hecho de pequeña, buscaba otros mundos a los que huir.

Al parecer, cada solicitud para verme pasaba por las manos de mi padre y Robin. Ellos decidían adónde iba y con quién. Por indicación de Robin, los guardaespaldas me entregaban bolsitas preparadas con varios medicamentos y me vigilaban mientras me los tomaba. Me instalaron el control parental en el iPhone. Todo estaba bajo el más estricto escrutinio y vigilancia. Todo.

Me iba a dormir temprano. Luego me despertaba y volvía a hacer lo que me ordenaban. Así un día tras otro. Y otro día. Como si viviera en el día de la marmota.

Estuve así durante trece años.

Si alguien se pregunta por qué dejé que ocurriera, hay un motivo muy lógico. Lo hice por mis hijos.

Porque me sometí a las normas, pude reunirme con mis chicos.

Volver a abrazarlos fue una experiencia religiosa. Cuando se quedaron dormidos a mi lado esa primera noche que volvimos a estar juntos, me sentí completa por primera vez en muchos meses. Me quedé mirando cómo se dormían y me sentí la mujer más afortunada del mundo.

Por verlos lo máximo posible, hacía cualquier cosa que mantuviera a Kevin contento. Le pagaba las costas procesales, además de la manutención de los niños y miles de dólares más mensuales para que mis hijos me acompañaran en la gira Circus. En ese mismo periodo breve de tiempo, aparecí en el programa *Good Morning America*, inauguré el alumbrado navideño de Los Ángeles, grabé un fragmento para el programa *Ellen* y me fui de gira por Europa y Australia. Pero nuevamente volvía a obsesionarme la misma pregunta. Si estaba tan enferma que no podía tomar mis propias decisiones, ¿por qué pensaban que podía salir sonriendo y saludando y cantando y bailando en un millón de zonas horarias distintas durante una misma semana?

Voy a dar una buena razón.

La gira Circus generó más de ciento treinta millones de dólares.

La empresa de Lou Taylor, Tri Star, se embolsó el cinco por ciento. Y, según supe tras la curatela, incluso durante mi pausa en 2019, cuando dejó de entrar dinero, mi padre les pagó una «tarifa plana» extra, de modo que recibieron cientos de miles de dólares más.

Además, mi padre también cobraba un porcentaje, a través de la curatela, de dieciséis mil dólares mensuales, más de lo que había logrado nunca. Se benefició de forma extraordinaria de la curatela, y se hizo multimillonario.

Mi libertad a cambio de siestas con mis hijos: era un trato que estaba dispuesta a aceptar. No hay nada en el mundo que ame más —nada más importante en este planeta— que mis hijos. Daría la vida por ellos.

Por eso pensé: «¿Por qué no mi libertad?».

33

¿Cómo conservar la esperanza? Había decidido resignarme a la curatela por el bien de mis hijos, pero era muy duro vivir de esa manera. Sabía que había algo más en mi interior, pero también notaba que se iba apagando día a día. Con el paso del tiempo, el fuego que tenía dentro se fue extinguiendo. Me desapareció la luz de los ojos. Sabía que mis fans se estaban dando cuenta, aunque no comprendieran el alcance real de lo que había ocurrido debido al control férreo que ejercían sobre mí.

Siento mucha compasión por la mujer que fui antes de la curatela, cuando estaba grabando *Blackout*. Aunque me retrataban como una chica rebelde y salvaje, fue precisamente durante aquella época cuando realicé mi mejor trabajo. Sin embargo, en términos generales, para mí fue una época terrible. Tenía a mis dos bebés y conseguir verlos siempre suponía una lucha.

Echando la vista atrás, ahora pienso que lo más inteligente hubiera sido centrarme en exclusiva en mi vida personal, por muy difícil que fuera.

Por aquel entonces Kevin me decía: «Bien, podríamos

vernos este fin de semana, estar juntos un par de horas y hacer esto y aquello, y puede que entonces te deje ver a los niños un poco más». Era como tener que hacer un pacto con el diablo para conseguir lo que quería.

Actué de manera rebelde, sí, pero ahora comprendo que hay un motivo por el cual las personas pasan por épocas rebeldes. Y hay que dejar que las vivan. No estoy diciendo que fuera correcto perder el control, pero tampoco creo que menoscabar el espíritu de una persona y menospreciarla hasta el punto de que ya no sienta que es ella misma resulte sano. Los seres humanos tenemos que enfrentarnos al mundo. Tenemos que poner a prueba los límites, descubrir quiénes somos, cómo queremos vivir.

A otras personas (y cuando digo «otras personas» me refiero a los hombres) se les concedía la libertad de hacerlo. Los roqueros llegaban tarde a las galas de premios y los considerábamos más guais por ello. Los cantantes de pop se acostaban con un montón de mujeres y nos parecía genial. Kevin me dejaba sola con dos bebés cuando quería irse a fumar maría y grabar una canción de rap titulada «Popozão», una palabra coloquial que significa «culazo» en portugués. Luego me los quitaba y la revista *Details* lo llamaba «padre del año». Un paparazzi que me acosó y atormentó durante meses presentó una demanda contra mí pidiéndome una indemnización de doscientos treinta mil dólares por haberle aplastado el pie con el coche un día que estaba intentando huir de él. Llegamos a un acuerdo y tuve que pagarle un montón de dinero.

Cuando Justin me puso los cuernos y a continuación actuó de manera sexy, todo el mundo lo consideró muy mono. Pero cuando yo me puse un body centelleante, Diane Sawyer me hizo llorar en plena televisión nacional, la MTV me forzó a escuchar a gente de a pie criticando mi ropa, y la esposa de un gobernador dijo que quería pegarme un tiro.

He sido observada con lupa casi toda mi vida. He tenido que soportar que me miraran de arriba abajo y que me dijeran lo que opinaban de mi cuerpo desde que era adolescente. Raparme la cabeza y portarme mal fue mi manera de responder ante todo aquello. Pero cuando estuve sujeta a la curatela, me dieron a entender que aquellos días habían terminado. Tuve que dejarme crecer el pelo y volver a ponerme en forma. Debía irme a dormir temprano y tomarme cualquier medicación que me dieran.

Pensaba que recibir críticas sobre mi cuerpo por parte de la prensa ya era bastante malo, pero me dolía todavía más cuando venían de parte de mi padre. Me decía repetidamente que estaba gorda y que tenía que hacer algo para remediarlo. Así que cada día me ponía el chándal y me iba al gimnasio. De vez en cuando hacía algo creativo, pero ya no me dedicaba a ello en cuerpo y alma. Llegados a este punto, mi pasión por cantar y bailar era de chiste.

Tener la sensación de que nunca eres lo bastante bueno es devastador para un niño. Mi padre me machacaba con aquel mensaje cuando era pequeña, y seguía haciéndolo incluso después de haber conseguido tantos logros.

Me moría de ganas de decirle a mi padre: «Me has arruinado como persona. Y ahora me obligas a trabajar para ti. Lo haré, pero no pienso ponerle ganas».

Me convertí en un robot. Pero no en un robot cualquiera, sino en una especie de niña robot. Me habían infantilizado tanto que estaba perdiendo pedazos de lo que hacía que me sintiera yo misma. Me oponía a cualquier cosa que mi padre o mi madre me dijeran que hiciera. Mi orgullo como mujer me impedía tomármelo en serio. La curatela me despojó de mi esencia de mujer, me convirtió en una niña. Cuando estaba sobre el escenario era más bien un ente, no una persona. Siempre había tenido la sensación de que la música me corría por las venas, pero consiguieron arrebatármela.

Si me hubieran dejado vivir mi vida, sé que hubiera seguido mi corazón y hubiera salido de aquel bache de la manera adecuada y lo hubiera solucionado.

Me pasé trece años sintiéndome como una sombra de mí misma. Ahora, cuando pienso que mi padre y sus socias tuvieron el control sobre mi cuerpo y mi dinero durante tanto tiempo, se me remueve el estómago.

Recordemos cuántos artistas hombres han perdido todo su dinero apostando, cuántos han tenido problemas de adicción o de salud mental. Y nadie intentó quitarles el control de su cuerpo y su dinero. No me merecía lo que me hizo mi familia.

Porque la realidad es que obtuve muchos logros durante aquella época en que se suponía que era incapaz de cuidar de mí misma.

En 2008 gané más de veinte premios, incluyendo el título de mejor mujer del año de la revista *Cosmopolitan*. En los VMA, justo un año después de recibir burlas por mi actuación de «Gimme More», gané tres premios «Moonman». Mi videoclip de «Piece of Me» ganó todas las categorías a las que estaba nominado, incluyendo la de videoclip del año. Doy las gracias a Dios, a mis hijos y a mis fans por estar siempre a mi lado.

A veces pensaba que era casi gracioso que ganase todos aquellos premios por el álbum que había hecho mientras estaba supuestamente tan incapacitada que mi familia tuvo que tomar el control de mi vida.

Sin embargo, en realidad, cuando me paro a pensarlo durante un rato, no tiene ni pizca de gracia.

34

A pesar de que mi vida en general era horrible, encontraba felicidad y consuelo en mis chicos y mi rutina. Hice amigos. Empecé a salir con un hombre: Jason Trawick. Era diez años mayor que yo y tenía su vida en orden. Me encantaba que no fuera artista, sino agente, así que conocía la industria musical y entendía mi vida. Tuvimos una relación durante tres años.

Cuando salíamos juntos por ahí, él se sumía en un estado de hipervigilancia. Sé que a veces puedo ser despistada. (Aunque ya no lo soy. Ahora soy prácticamente una agente de la CIA). Siempre estaba pendiente de todo, controlando cualquier situación de manera obsesiva. En cambio yo llevaba tanto tiempo rodeada de paparazzi que ya sabía de qué iba la cosa. Ya sabía lo que era. Así que al verlo con su traje, trabajando en su enorme agencia y subiéndose al coche conmigo, parecía casi demasiado consciente de quién era yo. Se preocupaba demasiado por encargarse de todo. Yo estaba tan acostumbrada a que los fotógrafos me rodearan por la calle que ya casi ni me enteraba de su presencia, algo que supongo que tampoco era muy bueno.

Tuvimos una gran relación. Lo quería mucho, y sentía que él también me quería a mí.

Todavía estaba hecha un lío psicológicamente hablando por todo lo que había ocurrido con Kevin y mis hijos, y por tener que vivir bajo las restricciones de la curatela que me imponía mi padre. Tenía una casa en Thousand Oaks, California. Mis hijos todavía eran pequeños por aquel entonces y mi padre seguía dictando mi vida.

A pesar de estar tomándome un descanso tras la gira Femme Fatale, mi padre siguió cuestionando cualquier pequeña cosa que hiciera, incluyendo lo que comía. Me sorprendió que mi madre no dijera nada (mis padres volvieron a juntarse en 2010, ocho años después de divorciarse). Y me sentí completamente traicionada por el estado de California. A mi madre parecía encantarle, porque, gracias a la curatela, ahora mi padre tenía un trabajo de verdad. Veían *Mentes criminales* en el sofá todas las puñeteras noches. ¿Quién hace eso? Cuando mi padre me decía que no podía comer postre, tenía la sensación de que no solo me lo estaba diciendo él, sino también toda mi familia y el estado: no se me permitía comer postre por ley, porque así lo había decidido mi padre.

Con el tiempo empecé a preguntarme dónde me encontraba. Ya nada tenía sentido.

Notaba que necesitaba tomar un rumbo, así que decidí volver a trabajar. Intenté mantenerme ocupada siendo productiva. Comencé a aparecer en más programas de televisión, incluyendo *Factor X* en 2012 en calidad de jueza.

Creo que muchas personas son realmente profesionales

en televisión, como por ejemplo Christina Aguilera y Gwen Stefani. Cuando las cámaras las enfocan se vienen arriba. Y es algo genial. Yo también lo lograba cuando era más joven, pero, de nuevo, siempre que estoy asustada tengo la sensación de volverme más pequeña. Es por eso por lo que por aquel entonces me ponía de los nervios si sabía que tenía que aparecer en directo, y no me gustaba pasarme el día entero de los nervios. Quizá ya no estoy hecha para este tipo de cosas.

Ahora ya lo he aceptado y no pasa nada. Soy capaz de decir que no a la gente que me empuja en esa dirección. Me han forzado a hacer un montón de cosas que no quería hacer y me han humillado. A estas alturas ya he tenido suficiente. Si me propusieran hacer una breve aparición en un programa de televisión divertido solo por un día podría pensármelo, pero ¿mantenerme escéptica durante ocho horas seguidas juzgando a gente en televisión? Eh, no, gracias. Lo odiaba con todas mis fuerzas.

Por aquellas fechas me prometí con Jason. Me ayudó a superar un montón de cosas. Pero en 2012, poco después de que se convirtiera en mi cocurador legal, mis sentimientos hacia él cambiaron. En aquel momento no lo comprendí, pero ahora veo que el hecho de que formara parte de la organización que controlaba mi vida quizá contribuyó a extinguir el romanticismo de nuestra relación. Acabé dándome cuenta de que no albergaba ningún sentimiento negativo hacia él, pero que ya no lo quería. Dejé de dormir en la misma habitación que él. Solo quería abrazar a mis hijos. Sentía un vínculo tan fuerte con ellos. Le cerré la puerta literalmente en las narices.

—Es horrible —afirmó mi madre.

—Lo siento, no puedo evitarlo —repliqué—. Ya no lo quiero de esa manera.

Jason rompió conmigo, pero no me importó porque ya no estaba enamorada de él. Me escribió una larga carta y luego desapareció. Renunció a ser mi cocurador cuando nuestra relación terminó. En mi opinión sufrió una especie de crisis de identidad. Se hizo mechas de colores y se fue al muelle de Santa Mónica, donde cada día montaba en bici con un grupo de tipos tatuados.

Pero lo entiendo. Ahora que tengo cuarenta y tantos años, estoy sufriendo mi propia crisis de identidad. Creo que simplemente había llegado el momento de seguir por caminos diferentes.

Las giras que hice mientras estaba sujeta a la curatela fueron estrictamente sobrias, no teníamos permitido beber alcohol. Hubo una época en que compartía muchos bailarines con Christina Aguilera. Quedé con ellos y nos fuimos a la casa de Los Ángeles de Christina. Nos la encontramos bastante borracha. Pero los bailarines y yo terminamos nadando en una piscina preciosa y metiéndonos en el jacuzzi. Habría estado bien tomarme unas copas con ellos, mostrar mi lado rebelde, desmelenarme, divertirme. No podía hacer nada de todo eso porque mi vida se había convertido en un campamento religioso de la escuela parroquial por culpa de aquella curatela.

En cierta manera, me transformaron de nuevo en una adolescente. Y en cierta manera también era una niña. Pero a veces me sentía tan solo como una mujer adulta atrapada que estaba constantemente cabreada. Esto es lo que más me cuesta explicar, lo deprisa que podía oscilar entre ser una niña pequeña, una adolescente y una mujer adulta porque me habían arrebatado la libertad. No podía comportarme como una adulta porque no me dejaban comportarme como tal, así que retrocedía a mi infancia y actuaba como una niña pequeña; pero entonces aparecía de nuevo mi parte adulta, solo que mi mundo no me dejaba ser una adulta.

Mantuvieron sometida durante demasiado tiempo a la mujer que soy. Querían que me desmadrara en el escenario, dentro de los parámetros que ellos me marcaran, y que durante el resto de mi vida fuera un robot. Tenía la sensación de que me estaban privando de los placeres de la vida, esos supuestos pecados fundamentales de satisfacción del deseo y aventura que nos hacen humanos. Querían arrebatarme esos momentos especiales y que todo fuera lo más rutinario posible. Aquello fue mortal para mi creatividad como artista.

Por lo que se refiere al trabajo de estudio, hice una buena canción en colaboración con will.i.am, «Work Bitch». Pero en general no me sentía orgullosa de la música que estaba creando, probablemente porque no me implicaba. Me sentía desmoralizada. Daba la impresión de que mi padre escogía para grabar los estudios más oscuros y feos. Parecía que a algunos les daba morbo pensar que yo no reparaba en esas cosas. En esas situaciones, me sentía arrinconada; sentía que me tendían una trampa. Era como si prosperaran con mi miedo, lo convirtieran todo en un drama, que a su vez me hacía infeliz, y así siempre ganaban. Todo lo que sabía era que tenía que trabajar, y quería hacer lo correcto: crear un álbum del que sentirme orgullosa. Era como si hubiese olvidado que era una mujer poderosa.

Después de dejar *Factor X*, mi agente me presentó la oportunidad de actuar en un *residency show* (un espectáculo permanente contratado) en Las Vegas. Y pensé: «¿Por qué no?».

Ya no tenía ganas de grabar música. La pasión ya no era el motor de mi vida como antaño. El fuego de mi interior se había extinguido. Solo sentía hastío.

Tenía dos niños pequeños. Había sufrido una crisis nerviosa. Mis padres habían tomado el control de mi carrera. ¿Qué se suponía que tenía que hacer llegados a ese punto, irme a casa sin más?

Así que acepté.

Fui a Las Vegas con las mismas expectativas que todo el mundo: ganar.

35

Me encantaba el calor seco de Las Vegas. Me encantaba que todo el mundo creyera en la suerte y en los sueños. Siempre me lo había pasado bien allí, incluso cuando Paris Hilton y yo nos quitábamos los zapatos y correteábamos por los casinos. Pero parecía que hubiera pasado una eternidad desde entonces.

Mi *residency show* empezó justo después de las Navidades de 2013. Mis hijos tenían siete y ocho años. Al principio era un buen trabajo.

De primeras actuar en Las Vegas fue muy emocionante. Me aseguraron que mi *residency show* suponía un hito para el Strip. Me dijeron que mi espectáculo volvería a atraer a los jóvenes a la Ciudad del Pecado y cambiaría el paisaje del entretenimiento en Las Vegas para una nueva generación.

Los fans me daban muchísima energía. Acabé bordando aquellas actuaciones. Gané mucha confianza en mí misma, y durante un tiempo todo fue bien, o por lo menos todo lo bien que puede ir cuando te controlan tanto. Empecé a salir con un productor de televisión llamado Charlie Ebersol. A mi parecer, tenía madera de marido: se cuidaba mucho. Se llevaba bien con su familia. Lo quería.

Charlie hacía ejercicio a diario y tomaba suplementos preentrenamiento y un montón de vitaminas. Me explicó lo que sabía de nutrición y empezó a darme suplementos energéticos.

Aquello no le gustó nada a mi padre. Sabía lo que comía; incluso sabía cuándo tendría que ir al baño. Así que cuando empecé a tomar los suplementos vio que tenía más energía en el escenario y que estaba más en forma. Era obvio que el régimen de Charlie tenía un efecto positivo en mí. Pero entonces mi padre empezó a pensar que tenía un problema con aquellos suplementos energéticos a pesar de que los vendían sin receta. Me dijo que debía dejarlos y me mandó a rehabilitación.

Mi padre podía decidir adónde había de ir y cuándo. E ir a rehabilitación implicó que no pude ver a mis hijos durante un mes entero. Mi único consuelo era saber que solo debía quedarme allí durante un mes y que después se habría acabado.

El centro que eligió se encontraba en Malibú. Ese mes, durante varias horas al día, tuvimos que practicar boxeo y otros ejercicios en el exterior, porque no disponían de un gimnasio.

Muchas de las personas ingresadas en aquel centro tenían graves problemas de drogadicción. Me daba miedo estar sola ahí dentro. Por lo menos me permitieron tener un guardaespaldas, con quien comía cada día.

Me costaba mucho aceptar que mi padre se estuviera vendiendo como un tipo maravilloso y un abuelo devoto cuando en realidad me había encerrado, confinándome en contra de mi voluntad en un lugar lleno de adictos al crac y la heroína. Fue horrible, tal cual lo digo.

Cuando salí volví a retomar mis actuaciones en Las Vegas, como si no hubiera ocurrido nada. En parte fue porque mi padre me dijo que tenía que volver a subirme al escenario, y en parte porque yo seguía siendo maja, tenía ganas de complacer y estaba desesperada por hacer lo correcto y ser una buena chica.

Hiciera lo que hiciera, mi padre siempre estaba allí, observándome. No podía conducir un coche. Cualquier persona que entrara en mi caravana tenía que firmar varios documentos. Todo era muy, muy seguro, tanto que no podía ni respirar.

Y por mucho que hiciera dieta y ejercicio, mi padre siempre me decía que estaba gorda. Me obligó a seguir una dieta estricta. La ironía es que teníamos un mayordomo (un exceso) y yo le rogaba que me diera un poco de comida de verdad. Le suplicaba que por favor me trajera una hamburguesa o un helado a escondidas.

Pero siempre se excusaba diciendo que tenía órdenes estrictas de mi padre.

Así que durante dos años casi no comí otra cosa que pollo y verduras enlatadas.

Dos años sin poder comer nada de lo que quieres es mucho tiempo, sobre todo cuando son tu cuerpo, tu trabajo y tu alma los que están ganando el dinero del que vive todo el mundo. Dos años pidiendo patatas fritas y recibiendo negativas. Era degradante.

Someterse a una dieta estricta por voluntad propia ya es lo bastante duro. Pero cuando alguien te priva de la comida que quieres es mucho peor. Sentía que mi cuerpo ya no me pertenecía. Iba al gimnasio y estaba tan desconectada de mi mente con ese entrenador diciéndome que hiciera cosas con mi cuerpo que me sentía helada por dentro. Estaba asustada. Siendo sincera, era completamente desgraciada.

Y ni siquiera funcionaba. La dieta tenía el efecto contrario de lo que quería conseguir mi padre. Subí de peso. Aunque no comía mucho, mi padre me hacía sentir fea y que no era lo bastante buena. Quizá fuera por el poder de la mente: nos acabamos convirtiendo en aquello que creemos que somos. Me habían machacado tanto que simplemente me rendí. Y mi madre parecía no tener ningún problema con los planes de mi padre.

Siempre me pareció increíble que tanta gente se sintiera cómoda hablando de mi cuerpo. Y todo empezó cuando era bien joven. Tanto personas desconocidas como miembros de mi familia, todos parecían creer que mi cuerpo era propiedad pública: algo que podían vigilar, controlar, criticar o usar como arma. Mi cuerpo era lo bastante fuerte como para gestar dos niños y lo bastante ágil como para poder ejecutar todos los movimientos de las coreografías a la perfección sobre el escenario. Pero sin embargo ahí estaba, bajo estricta vigilancia por las calorías que ingería para que los demás pudieran seguir enriqueciéndose a costa de mi cuerpo.

Salvo a mí, a nadie le parecía indignante que mi padre me pusiera todas esas normas y que luego se fuera por ahí a beber whisky cola. Mis amigas iban a balnearios y se hacían la manicura y bebían champán de lujo. A mí no me permitían ir a ningún balneario. Mi familia vivía en Destin, una preciosa ciudad costera de Florida, en un apartamento deslumbrante que yo les había comprado, y cada noche comían manjares deliciosos mientras yo me moría de hambre y trabajaba.

Entretanto, mi hermana arrugaba la nariz ante todos los regalos que había hecho a la familia.

Un día llamé a mi madre, que estaba en Luisiana, y le pregunté qué planes tenía para el fin de semana.

Me contestó que iba a llevarse a las chicas a Destin.

Jamie Lynn había dicho infinidad de veces que ella nunca iba a ese apartamento, que era una de las cosas más ridículas que había comprado a la familia, que nunca le había gustado, y resulta que mi madre iba allí cada fin de semana con las dos hijas de Jamie Lynn.

Antes me encantaba comprar casas y coches para mi familia. Pero llegó un punto en que todos empezaron a dar las cosas por sentadas, y mi familia no se dio cuenta de que aquello solo era posible debido a que yo era una artista. Por culpa de la manera en que me trataron, perdí la conexión con mi creatividad durante años.

Me daban una paga de unos dos mil dólares a la semana. Si quería comprarme unas zapatillas que mis curadores consideraban que no necesitaba, no podía hacerlo. Y esto a pesar de dar doscientos cuarenta y ocho conciertos y vender más de novecientas mil entradas en Las Vegas. Con cada concierto ganaba cientos de miles de dólares.

Una de las pocas noches que salí a cenar con amigos y más gente, incluidos mis bailarines, quise invitarlos a todos. La cuenta ascendía a mil dólares, ya que éramos un grupo muy grande, pero me apeteció invitarlos a cenar: para mí era importante que supieran lo mucho que apreciaba todos sus esfuerzos.

El pago fue rechazado. No me quedaba suficiente dinero en la cuenta de la paga para abonar la cena.

36

Algo que me aportó consuelo y esperanza en aquella época cuando estuve en Las Vegas fue dar clases de baile para niños en un estudio una vez al mes; me encantaba. Enseñaba a un grupo de cuarenta niños. Y al regresar a Los Ángeles daba clases una vez cada dos meses muy cerca de mi casa.

Fue una de las cosas más divertidas que he hecho en mi vida. Resultaba muy agradable estar en una habitación llena de niños que no me juzgaban. Debido a la curatela, siempre había alguien juzgando todo lo que hacía constantemente. La alegría y la confianza de los niños de esa edad (entre cinco y doce años) son contagiosas. Su energía es muy dulce. Tienen ganas de aprender. Para mí estar rodeada de niños tiene un efecto cien por cien curativo.

Un día, mientras daba una clase, hice un giro y sin querer golpeé la cabeza de una niña con la mano.

—¡Pequeña! ¡Lo siento mucho! —dije.

Me sentí tan mal que me arrodillé delante de ella. Me saqué un anillo del dedo, uno de mis favoritos, y se lo ofrecí mientras le rogaba que me perdonara.

—¡No pasa nada, señorita Britney! —contestó—. Ni siquiera me ha hecho daño.

Quería hacer todo lo posible para que supiera que me preocupaba por si le dolía y que estaba dispuesta a hacer todo lo necesario para que se sintiera mejor.

Mientras, de rodillas en el suelo del estudio, alzaba la cabeza para mirarla, pensé: «Espera un momento. ¿Por qué las personas a las que el estado ha encargado que me cuiden no están ni la mitad de interesadas en mi bienestar de lo que yo lo estoy en el de esta niña?».

Decidí intentar librarme de la curatela. Fui a juicio en 2014 y mencioné el alcoholismo de mi padre y su conducta errática; solicité que le hicieran un test de drogas. A fin de cuentas, estaba controlando mi dinero y mi vida. Pero mi caso no llegó a ninguna parte. El juez ni tan siquiera escuchó.

A continuación me dediqué a tratar de conseguir mi propio abogado a escondidas. Incluso mencioné la curatela en un programa de entrevistas en 2016, pero resulta que aquella parte nunca llegó a emitirse. Vaya. Qué curioso.

Aquella sensación de sentirme atrapada contribuyó al fracaso de mi vida romántica. Tras una pelea tonta, Charlie y yo fuimos tan orgullosos que dejamos de hablarnos. Fue de lo más estúpido. Yo era incapaz de reunir fuerzas para hablar con él, y Charlie era demasiado orgulloso como para hablar conmigo.

Fue entonces cuando empecé a trabajar con dos grandes compositores: Julia Michaels y Justin Tranter. Nos sentamos a escribir todos juntos. Me apasioné por lo que estábamos haciendo. Fue la primera cosa en trece años de curatela en la que realmente puse todo mi corazón.

Trabajé mucho en aquellas canciones, algo que me dio seguridad. ¿Sabes esa sensación de cuando se te da bien algo y lo notas? ¿De cuando empiezas a hacer algo y piensas «ya lo tengo»? Escribir aquel álbum me devolvió la confianza en mí misma.

Cuando lo terminé, se lo puse a mis hijos.

—¿Cómo creéis que debería titular el álbum? —les pregunté. Mis hijos son muy listos en lo que a música se refiere.

—Ponle simplemente *Glory* —dijo Sean Preston.

Y así lo hice. Ver que los niños estaban tan orgullosos de aquel álbum significó mucho para mí. «¡Yo también estoy orgullosa de este álbum!», pensé. Era una sensación que no había tenido desde hacía mucho tiempo.

Lancé el videoclip de «Make Me» y actué en la gala de los VMA de 2016 para promocionarlo por primera vez desde 2007.

La primera vez que vi a Hesam Asghari en el rodaje del videoclip de «Slumber Party» supe inmediatamente que lo quería en mi vida. Me quedé prendada al instante. La química que había entre nosotros al principio era de locos. No podíamos quitarnos las manos de encima. Me llamaba su leona.

Los tabloides enseguida empezaron a decir que me estaba poniendo los cuernos. ¡Solo llevábamos dos semanas saliendo! Nos mantuvimos unidos. Empecé a sentir que recuperaba mi chispa.

Pero entonces mi padre decidió que tenía que volver al centro de tratamiento porque había tomado suplementos energéticos sin receta a escondidas. Pensaba que tenía un problema, pero se mostró misericordioso y permitió que fuera paciente ambulatoria siempre y cuando asistiera cuatro veces a la semana a Alcohólicos Anónimos.

Al principio me resistí, pero las mujeres que conocí allí empezaron a inspirarme. Escuché las historias que contaban y pensé: «Estas mujeres son brillantes». Sus historias eran increíblemente profundas. Encontré una conexión humana en esas reuniones que no había sentido nunca en toda mi vida. Así que al principio me gustaba ir. Pero algunas de las chicas no siempre aparecían. Podían escoger a qué reuniones acudir. Yo no tenía elección. Las amigas que conocí allí iban quizá un par de veces a la semana, o un día se apuntaban a la reunión de la mañana y al siguiente a la de la tarde. A mí no me dejaban hacer ningún tipo de cambio.

Tenía siempre las mismas reuniones a la misma hora de la semana pasara lo que pasara.

Un día llegué a casa agotada tras un ensayo general y vi que allí estaban mis hijos, mi asistente y mis padres.

—Es hora de ir a tu reunión —dijo mi padre.

—¿Podría quedarme en casa y ver una película con los chicos? No he faltado nunca a una reunión —pregunté. Nunca había visto una película en casa con mis niños en Las Vegas. Se me ocurrió que podríamos hacer palomitas y pasar un buen rato.

—No, tienes que ir —insistió.

Miré a mi madre con la esperanza de que me defendiera, pero ella apartó la mirada.

En aquel momento empecé a sentirme como si me encontrara en una secta y mi padre fuera el líder. Todos me trataban como si estuviera atada a él.

«Pero si lo he hecho todo bien», me dije mientras reflexionaba sobre lo mucho que había trabajado en esos conciertos. «No lo he hecho bien, lo he hecho genial». Era una frase que repetiría en mi cabeza una y otra vez durante los dos años siguientes siempre que pensaba que no solo había cumplido con las expectativas que me habían impuesto sino que las había excedido, y que era muy injusto que todavía no fuera libre.

Me había esforzado mucho por seguir el horario que me marcaban, que consistía en trabajar cuatro semanas a tope y luego descansar otras cuatro. Cuando me tocaba trabajar, daba tres conciertos de dos horas a la semana. Y tanto si trabajaba como si no tenía que seguir el horario personal que me habían organizado: cuatro reuniones de Alcohólicos Anónimos, dos horas de terapia y tres horas de entrenamiento a la semana, además de encuentros con fans y tres conciertos. Estaba quemada. Y quería controlar mi propio destino.

Una peluquera vio mi horario de reojo.

—Vaya, cielo, ¿qué estás haciendo? —dijo. Tenía dos niñas pequeñas y era muy maternal. Me caía muy bien.

—¿Crees que es demasiado? —le pregunté.

—¡Más que demasiado! Es una locura —contestó. Se inclinó hacia mí como si quisiera contarme un secreto—. Escúchame. Para poder ser creativa, debes dejar margen de movimiento en tu horario. Tener tiempo para una misma ayuda a mantener los pies en la tierra. Qué coño, como si te apetece contemplar la pared. Todos lo necesitamos.

Seguramente aquella conversación llegó a oídos de mi padre, ya que al día siguiente me arregló el pelo otra persona.

No volví a ver a aquella peluquera nunca más.

37

Cuando actuamos, las chicas nos valemos de nuestro pelo. Es lo que los tíos quieren ver. Les encanta mirar cómo se mueve el pelo largo. Quieren que lo meneemos. Si mueves el pelo creen que te lo estás pasando bien.

En los momentos más desmoralizadores de mi *residency show* en Las Vegas me ponía pelucas bien ajustadas y bailaba de manera que no se me moviese ni un solo pelo de la cabeza. Todos los que estaban ganando dinero conmigo querían que sacudiera el pelo y lo sabía, así que hice de todo menos eso.

Echando la vista atrás me doy cuenta de lo mucho que me contenía en el escenario, de lo mucho que al intentar castigar a la gente que me tenía cautiva castigué también a todos los demás, incluyendo mis leales fans. Pero ahora sé por qué había pasado los últimos trece años como una sonámbula. Estaba traumatizada.

Contenerme en el escenario era mi manera de rebelarme, aunque yo fuera la única que lo supiera. Y por eso no movía el pelo ni coqueteaba. Bailaba los pasos y cantaba las notas, pero no le ponía aquel fuego que tenía antes. Disminuir la energía sobre el escenario fue mi propia versión de ralentizar la producción de una fábrica.

Como artista, no me sentía capaz de alcanzar la sensación de libertad que había tenido antes. Y eso es lo que tenemos los artistas: esa libertad es lo que somos y lo que hacemos. Yo no era libre con aquella curatela. Quería ser una mujer más en el mundo, pero bajo aquella curatela no tenía manera de serlo.

No obstante, con *Glory*, todo fue diferente. A medida que fui lanzando los sencillos de *Glory* empecé a recuperar la pasión por mis actuaciones. Volví a llevar tacones altos. Cuando me relajaba un poco y dejaba que me aclamaran como a una estrella sobre el escenario, conseguía transmitir las canciones con más intensidad. Y entonces era cuando sentía realmente que la audiencia me elevaba.

Durante la promoción de *Glory* comencé a sentirme mejor conmigo misma. Aquel tercer año en Las Vegas recuperé parte de mi fuego interior. Empecé a apreciar el esplendor de actuar cada noche en la Ciudad del Pecado y la espontaneidad de sentirme viva delante del público. A pesar de que no me había estado entregando por completo sobre el escenario, algunas partes de mí volvieron a despertarse. Fui capaz de ahondar de nuevo en aquella conexión entre artista y público.

Me cuesta explicar a las personas que nunca se han subido a un escenario lo que se siente al notar la corriente entre tu cuerpo físico y el del resto de seres humanos que hay en ese espacio. La única metáfora que me encaja es la electricidad. Te sientes eléctrico. La energía te sale de dentro y va hacia el público, y luego regresa hacia a ti en una especie de bucle. Durante mucho tiempo estuve con el piloto automático puesto: la única corriente a la que podía acceder era la que desprendía lo que fuera que tuviera en mi interior que me permitía seguir avanzando.

Poco a poco volví a creer en mis capacidades. Durante un tiempo no se lo dije a nadie. Lo mantuve en secreto. De la misma manera que me refugiaba en mis sueños para alejarme un poco del caos de mis padres cuando era pequeña, en Las Vegas, ya como adulta pero con menos libertad de la que tenía cuando era una niña, empecé a refugiarme en un nuevo sueño: liberarme del control de mi familia y volver a ser la artista que sabía que era en mi interior.

Todo empezó a parecer posible. Mi relación con Hesam se hizo tan estrecha que empezamos a hablar de tener un bebé juntos. Pero ya estaba en la treintena, sabía que me estaba quedando sin tiempo.

Al inicio de la curatela me abrumaron con un montón de citas médicas. Médico tras médico tras médico venían a mi casa, seguramente unos doce a la semana. Y aun así mi padre no me dejó ir al médico cuando quise pedir cita para sacarme el DIU.

Mientras estuve sujeta a la curatela todo estaba muy controlado, había guardaespaldas por todas partes. Mi vida entera cambió de una manera que parecía más segura para mí a nivel físico, pero que resultó desastrosa para mi felicidad y mi creatividad. Mucha gente cree que me salvaron la vida. Pero en realidad no fue así. Depende de cómo se mire. Es una cuestión de perspectiva. Mi música era mi vida, y la curatela fue mortal en ese aspecto; me aplastó el alma.

Antes de la curatela entraba y salía constantemente del estudio, grabando. Pero cuando entró en vigor, tenía hasta un equipo de gente que llevaba un registro de cuándo iba al baño en el estudio de grabación. Y no lo digo de broma.

Después de la curatela, leí que mi padre y Robin, de la empresa de Lou Taylor, Tri Star, habían estado implicados con la compañía de seguridad que contrataron, Black Box, en el control y análisis de las llamadas y mensajes de texto que entraban y salían de mi móvil, incluidos mensajes personales a mi novio, a mi abogado por aquel entonces y a mis hijos, y, lo que es peor, que mi padre había llegado a colocar un micrófono oculto en mi casa. ¡En mi propia casa! Todo esto formaba parte de su control.

Me fui de casa cuando era adolescente porque mi vida familiar era horrible. Todas esas veces que, cuando era pequeña, tuve que ir a las cuatro de la madrugada al salón y decir «¡Cállate, mamá!» mientras mi padre perdía el conocimiento en su silla me venían a la memoria cuando me despertaba a las cuatro de la madrugada y me quedaba mirando al techo, preguntándome cómo era posible que aquellas personas volvieran a estar al mando.

En aquellos momentos tranquilos en mitad de la noche prometí hacer todo lo posible para escapar.

38

Aquel tercer año en Las Vegas sentí algo en mi interior que no había sentido desde hacía muchísimo tiempo. Me sentí fuerte. Supe que tenía que hacer algo.

En cuanto empecé a volver a ser yo misma, a recuperar mi cuerpo, mi corazón, mi físico y mi yo espiritual, se me hizo insoportable vivir bajo aquella curatela. Llegó un punto en que mi corazoncito dijo basta, ya no podía soportarlo más.

Durante mucho tiempo mis padres me habían convencido de que yo era la mala, la loca, y funcionó totalmente a su favor. Me dañaron el espíritu. Apagaron mi fuego interior. Me infravaloré a mí misma durante una década. Pero por dentro no dejaba de gritar por culpa de sus tonterías. Aquello me creó impotencia: impotencia y rabia.

Tras dar un concierto, me ponía enferma ver a mi familia bebiendo alcohol y pasándoselo en grande cuando a mí no me dejaban tomar ni un solo sorbo de whisky cola. A ojos del público sé que parecía una estrella sobre el escenario (llevaba unas medias monísimas y tacones altos), pero ¿por qué narices no podía yo pecar en la Ciudad del Pecado?

A medida que fui fortaleciéndome y entré en una nueva fase como mujer, empecé a buscar referentes de cómo ejercer el poder de manera positiva. Reese Witherspoon fue un gran ejemplo para mí. Es dulce y amable, y es muy inteligente.

En cuanto empiezas a verte de esta manera, no solo como alguien que existe únicamente para hacer felices a todos los demás sino como alguien que merece hacer oír su voluntad, todo cambia. Cuando empecé a pensar que podía ser una persona maja pero fuerte a la vez, como Reese, cambié mi perspectiva sobre quién era.

Si nadie está acostumbrado a que seas asertiva, se asustan mucho cuando empiezas a decir lo que piensas. Sentí que me estaba convirtiendo el mayor de sus miedos. Ahora era una reina, y estaba empezando a no callarme. Me los imaginaba inclinándose ante mí. Sentí que estaba recuperando mi poder.

Sabía cómo actuar. Sobrellevar aquel horario me había fortalecido. No me quedaba más remedio que ser fuerte, y creo que el público lo percibió. Pedir respeto dice mucho. Lo cambia todo. Así que cuando escuchaba a mis curadores intentando decirme, otra vez, que era estúpida por intentar rechazar algún concierto o intentar encontrar la manera de darme a mí misma más tiempo libre, noté que me rebelaba. Pensaba: «Estáis intentando volver a engañarme para que me sienta mal por decir no, pero no voy a caer otra vez».

El *residency show* tenía que terminar el 31 de diciembre de 2017. Me moría de ganas de que llegara esa fecha. Por un lado, estaba harta de dar el mismo espectáculo semana tras semana durante años. No dejaba de rogarles que me permitieran hacer una remezcla o un número distinto, cualquier cosa que rompiera la monotonía.

Había empezado a dejar de sentir aquella alegría que me provocaba actuar cuando era más joven. Ya no sentía un amor tan puro y crudo por cantar como cuando era adolescente. Ahora eran los demás quienes me decían lo que tenía que cantar y cuándo. A nadie parecía importarle lo que yo quisiera. No paraban de mandarme el mensaje de que solo importaba lo que ellos pensaban: mis pensamientos debían ser ignorados. Solo estaba allí para actuar para ellos, para hacerles ganar dinero.

Menudo desperdicio. Como intérprete que siempre se había sentido tan orgullosa de su maestría musical, no puedo subrayar lo suficiente cómo me enfurecía que incluso me impidieran hacer cambios en mi propio espectáculo. Disponíamos de seis semanas entre cada tanda de conciertos en Las Vegas. Cuánto tiempo desperdiciado, joder. Quería hacer remezclas de mis canciones para mis fans y ofrecerles algo nuevo y emocionante. Cuando quise interpretar mis canciones favoritas, como «Change Your Mind» o «Get Naked», no me lo permitieron. Parecía que preferían avergonzarme antes que permitirme ofrecerles a mis fans el mejor concierto posible cada noche, como merecían. Por el contrario, tuve que dar el mismo concierto una semana tras otra, las misma rutinas, las mismas canciones, los mismos arreglos. Había estado dando este mismo tipo de concierto durante mucho tiempo. Estaba desesperada por cambiarlo, por ofrecer a mis maravillosos y leales fans una experiencia nueva y electrizante. Pero la única respuesta que recibí fue «no».

Era algo que denotaba tan poco esfuerzo que quedaba hasta raro. Me preocupaba lo que mis fans pensaran de mí. Deseaba poder comunicarles que quería darles mucho más. Me encantaba pasar horas en estudios y hacer mis propias remezclas con un ingeniero. Pero me decían: «No podemos incluir re-mezclas por el código de duración del concierto. Tendríamos que rehacerlo todo». Y yo replicaba: «¡Pues rehacedlo!». Soy famosa por llevar nuevos platos a la mesa, pero siempre respon-dían que no.

Cuando insistía, me decían que como mucho podían ofre-cerme poner una de mis nuevas canciones de fondo mientras me cambiaba.

Se comportaban como si me estuvieran concediendo un gran favor por hacer que sonara mi nueva canción favorita mientras yo estaba en el vestuario subterráneo poniéndome y quitándome modelitos frenéticamente.

Era vergonzoso porque conocía el negocio. Sabía que re-sultaba totalmente factible que cambiásemos el concierto. Lo que ocurría era que mi padre estaba al mando y aquello no suponía una prioridad para él. Y eso significaba que la gente que tenía que hacer los cambios no los hacía. Cantar canciones tan viejas me envejecía el cuerpo. Tenía ganas de crear un nuevo sonido, nuevos pasos. Ahora siento que po-dría haberlos amedrentado por el hecho de ser yo la estrella. En cambio, era mi padre el que estaba al mando de la estre-lla. Yo.

Cuando grabé los videoclips para los sencillos de *Glory* me sentí muy ligera y libre. *Glory* me recordó lo que se experimentaba al interpretar nuevo material y lo mucho que lo necesitaba. Cuando me dijeron que había ganado la primera edición de los premios Radio Disney Icon Award un año después de que saliera *Glory*, pensé: «¡Qué bien! Me llevaré a los chicos, me pondré un vestido negro mono y me lo pasaré en grande».

El caso es que mientras estaba sentada entre el público viendo cómo interpretaban un *medley* de mis canciones, sentí un montón de emociones. Cuando llegó el momento en que Jamie Lynn hizo una aparición sorpresa para cantar una parte de «Till the World Ends» y me dio el premio toda yo era un nudo de sensaciones.

Mientras miraba aquella actuación no paraba de acordarme del concierto especial que había dado para *In the Zone*. Era una remezcla de un especial de la ABC. Había ensayado durante una semana y canté varias canciones nuevas. Me sacaron preciosa. Me sentí como una niña. Con sinceridad, es uno de mis mejores trabajos. Interpreté una versión sensual de «… Baby One More Time» con tintes de *Cabaret* y luego para cantar «Everytime» me puse un vestido blanco monísimo. Era todo sencillamente hermoso. Me sentía tan bien en aquel momento de mi carrera: era libre e interpretaba mi música a mi manera, con pleno control creativo.

Y estando allí sentada para recibir el premio Icon Award en la gala Radio Disney Music Awards, aunque me sentía honrada con aquellas actuaciones, al tiempo estaba furiosa. Sobre el escenario había tres cantantes y mi hermana interpretando nuevos arreglos de mis canciones —algo que yo

llevaba trece años rogando que me dejaran hacer— divir-
tiéndose con ellas más de lo que yo me había divertido en el
último centenar de actuaciones, y tenía que quedarme ahí
sentada, sonriendo forzosamente.

39

Antes de la curatela, mi amigo y agente, Cade, me llamaba de vez en cuando y me proponía hacer un viaje por carretera. Apenas había tenido tiempo de decirme hacia dónde íbamos que ya me había subido al coche. Si quería que aumentaran el volumen en uno de mis conciertos, le pedía amablemente al tipo de sonido que le diera caña. Si me tocaban los cojones, todo el mundo se acababa enterando. Era un poco «malota». Pero en Las Vegas solo me limitaba a sonreír y asentir, y daba el mismo concierto una y otra vez, como una muñeca de cuerda.

Lo único que me animaba a continuar era saber que tendría dos periodos de vacaciones con mis hijos, igual que siempre. Pero el año que salió *Glory* tuve que ir de gira, por lo que no me dejaron irme de vacaciones con ellos; tuve que llevármelos conmigo de gira, cosa que no fue divertida para nadie. Así que al año siguiente necesitaba unas buenas vacaciones. Una noche, antes de que empezara el concierto, en la zona de cambio de vestuario, vino mi equipo y se lo dije: «Ey, solo quería avisaros de que este año necesito unas vacaciones».

Las tradiciones son muy importantes para mí. Lo que más nos gustaba hacer a mis hijos y a mí era ir a Maui, meternos en un barco y navegar por el océano. Sinceramente, mi salud mental lo necesita.

Mi equipo me dijo que si nos pagaban bastante dinero haríamos dos conciertos de gira y luego regresaríamos, así que podría descansar durante todo el verano.

«Genial —pensé—, veo que estamos todos de acuerdo».

Pasaron unos meses. En diciembre de 2017 por fin se estaba acabando el *residency show* en Las Vegas. Me sentía tan aliviada. Había dado cientos de conciertos.

Mientras estaba en el vestuario cambiándome entre actos, se me acercó alguien de mi equipo.

—Eh, verás, resulta que este año tendrás que irte de gira después de que acabe este *residency show*. No podemos terminar en Las Vegas. Tenemos que terminar con una gira este verano.

—Ese no era el trato —me quejé—. Ya os dije que me iría a Maui con los niños. —A partir de ahí la conversación se calentó enseguida, como siempre que intentaba negociar.

—Si no vas de gira terminarás en los juzgados porque firmaste un contrato —dijo finalmente. Y entonces me di cuenta: me estaban amenazando. Sabían lo mucho que me aterraban los juzgados.

Después me tranquilicé. Empecé a pensar que si la gira duraba tan solo unas pocas semanas no sería tan horrible. Podría regresar enseguida y entonces todavía me quedarían días de verano. Simplemente iríamos a Maui un poco más tarde de lo previsto.

Pero resulta que fui demasiado optimista. La gira fue un infierno. Y sé que para los bailarines también lo fue. Estábamos más controlados que nunca debido a las normas que había fijado mi padre. Teníamos que avisar al equipo de seguridad con dos horas de antelación solo para salir de la habitación.

Y para colmo de males, seguían reprimiéndome a nivel creativo: continuaba haciendo todavía exactamente lo mismo. Seguían sin darme la libertad de rehacer mis canciones y cambiar el espectáculo. Podríamos haber hecho algo bueno, algo nuevo que fuera fresco para el público, para mí y para los bailarines. Fue la única concesión que les pedí y, de nuevo, como siempre, me dijeron que no. Porque si hubiera tomado el control de mi espectáculo, la gente podría haber llegado a la conclusión de que quizá no necesitaba a mi padre como curador. Me pareció que secretamente él deseaba que me sintiera «menos que». Le daba poder.

Cuando finalmente llegué a casa, lloré al ver a mis perros: los había echado muchísimo de menos. Empecé a planear el viaje con mis hijos para compensar todo el tiempo que habíamos perdido.

—Te daremos tres semanas de vacaciones y luego tendrás que empezar a ensayar un nuevo espectáculo para Las Vegas.

—¿Tres semanas? —exclamé—. ¡Me dijisteis que tendría todo el verano libre!

Aquella gira había sido horrible.

Fue como si me dijeran que el fin de semana no llegaría nunca.

40

Ya oía los gritos. Cientos de personas se habían reunido afuera. Era un día de octubre de 2018 y había una multitud enorme en el exterior del nuevo hotel Park MGM de Las Vegas. Mis fans más acérrimos iban vestidos a juego y ondeaban banderas con la letra «B» estampada. Los bailarines sobre el escenario llevaban camisetas en las que se leía «BRITNEY». Los anunciantes lo estaban retransmitiendo todo en directo por internet, exaltando a sus seguidores. Brillaban unos láseres de luz. Una pantalla gigante mostraba imágenes de mis videoclips. Sonaba música dance a todo volumen. Pasó un desfile en que todos cantaban a pleno pulmón fragmentos de letras de mis canciones, como «*My loneliness is killing me!* [Mi soledad me está matando]».

Las luces se apagaron.

—Estamos aquí para dar la bienvenida a la nueva reina de Las Vegas… —dijo por el micrófono Mario Lopez, el presentador de aquel evento.

Empezó a sonar una música dramática, un *riff* de «Toxic». Un montón de luces iluminaron el hotel Park MGM de manera que parecía que el escenario estuviera latiendo. Entonces sonó un *medley* de otras canciones y proyectaron imágenes de un cohete espacial, un helicóptero, una carpa de circo enorme y una serpiente del jardín del Edén. ¡Se alzaron columnas de fuego por todo el escenario! Emergí del suelo subida a un ascensor hidráulico, saludando y sonriendo, y llevaba un vestido negro corto ajustado que tenía unas estrellas recortadas y flecos, con el pelo superlargo y rubio.

—… Señoras y señores —continuó Mario Lopez—. ¡Britney Spears!

Bajé con mis tacones altos por las escaleras con «Work Bitch» sonando de fondo y firmé unos pocos autógrafos para los fans. Pero entonces hice algo inesperado.

Pasé de largo ante las cámaras.

Seguí caminando hasta subirme en un SUV y me marché.

No dije nada. No actué. Seguramente los que me vieron se preguntaron: «¿Qué acaba de ocurrir?».

Lo que el público no sabía era que mi padre y su equipo estaban intentando forzarme a anunciar mi nuevo *residency show*. Les había dicho que no quería anunciarlo porque, tal y como llevaba meses repitiéndoles, no quería hacerlo.

Cuando canté la canción «Overprotected» tantos años antes, no tenía ni idea de lo que era realmente la sobreprotección. Pero pronto lo descubriría, porque en cuanto dejé bien claro que no estaba dispuesta a hacer un segundo *residency show* en Las Vegas, mi familia me hizo desaparecer.

41

A medida que se acercaban las vacaciones me encontraba bastante bien. Aparte del miedo de que mi padre estuviera tramando algo, me sentía fortalecida e inspirada por las mujeres que había conocido en Alcohólicos Anónimos. Además de ser brillantes tenían muchísimo sentido común, y había aprendido mucho de ellas sobre cómo ser una mujer adulta y vivir en este mundo con honestidad y valentía.

Por mi cumpleaños, Hesam me llevó a un lugar especial. Empecé a hacer planes para las Navidades, pero mi padre insistió en que se llevaría a mis chicos con él. Si quería verlos, tendría que ver también a mi padre.

—Los chicos no quieren estar contigo este año —me dijo después de que protestara—. Vendrán a Luisiana conmigo y con tu madre y punto.

—No me lo habían dicho —contesté—. Pero si realmente prefieren estar en Luisiana esa semana supongo que está bien.

Las actuaciones en Las Vegas todavía no habían sido canceladas.

Contraté nuevos bailarines y repasamos las rutinas de baile. Un día, durante un ensayo, estaba trabajando con todos los bailarines, tanto los nuevos como los veteranos, cuando de repente una de las bailarinas que había estado en el espectáculo los últimos cuatro años ejecutó un paso de baile delante de todos. Puse mala cara al verlo, pues parecía bastante complicado, y les dije que no quería hacerlo, que era demasiado difícil.

No me pareció nada del otro mundo, pero de repente mi equipo y los directores se fueron a otra sala y cerraron la puerta. Tuve la sensación de haber cometido algo terrible, pero no me entraba en la cabeza que no querer ejecutar un solo paso de la rutina pudiera armar tanto revuelo. Y es que tenía casi cinco años más que cuando había empezado el primer *residency show*: mi cuerpo había cambiado. ¿Qué más daba si modificábamos un paso de baile?

Tenía la sensación de que todos estábamos divirtiéndonos. Sufro ansiedad social, así que si hay motivos para sentirse incómodo normalmente soy la primera en notarlo. Pero aquel día todo parecía ir bien. Estaba charlando y riendo con los bailarines. Algunas de las nuevas incorporaciones sabían hacer un *gainer*, es decir, ir caminando hacia delante y de repente dar un salto mortal hacia atrás. ¡Era impresionante! Pregunté si alguien podía enseñarme a hacerlo y uno de ellos enseguida se ofreció. Todo esto que acabo de contar es para ilustrar que estábamos jugando y comunicándonos. Nada iba mal. Pero por la manera en que se comportó mi equipo temí que estaban tramando algo.

Al día siguiente, durante la sesión de terapia, mi médico se enfrentó a mí.

—Hemos encontrado suplementos energéticos en tu bolso —me dijo. Los suplementos energéticos me proporcionaban confianza en mí misma y energía, y no necesitaban receta. Él sabía que los había estado tomando durante mis actuaciones en Las Vegas, pero ahora lo estaba convirtiendo en algo imperdonable—. Nos da la sensación de que nos estás ocultando cosas mucho peores. Y creemos que no estás teniendo un buen comportamiento en los ensayos. Se lo estás haciendo pasar mal a todo el mundo.

—¡Será una broma! —exclamé. Enseguida me puse furibunda. Me había esforzado tanto. Tenía una ética de trabajo férrea.

—Te mandaremos a un centro —me dijo el terapeuta—. Y antes de que ingreses allí, durante las vacaciones de Navidad, vendrá una mujer a hacerte algunos test psicológicos.

Una doctora ostentosa que había visto en televisión y había odiado instintivamente vino a mi casa en contra de mi voluntad, me hizo sentarme y se pasó horas evaluando mis habilidades cognitivas.

Mi padre me informó de que la doctora había determinado que había cateado el examen.

—Me ha dicho que has fracasado. Vas a tener que ir al centro de salud mental. No estás bien. Pero no te preocupes, hemos encontrado un pequeño programa de rehabilitación en Beverly Hills. Solo te costará sesenta mil dólares al mes.

Mientras hacía la maleta llorando les pregunté cuánto tiempo estaría ahí, cuánta ropa tenía que llevarme. Pero me dijeron que no lo sabían con seguridad.

—Quizá un mes. Quizá dos. Quizá tres. Todo dependerá del ritmo al que mejores y de lo bien que demuestres tus aptitudes.

Se trataba de un centro de rehabilitación supuestamente de lujo que había creado un programa especial diseñado expresamente para mí, así podría estar sola y no tendría que interactuar con otras personas.

Pregunté qué ocurriría si me negaba a ir.

Mi padre me contestó que si me resistía tendríamos que ir al juzgado y que quedaría en ridículo.

—Haremos que parezcas una jodida idiota —añadió—. Y créeme, no ganarás. Es mejor que sea yo quien te obligue a ir a que lo haga un juez.

Me pareció una forma de chantaje, y que me estaban haciendo luz de gas. Sinceramente, sentí que estaban tratando de matarme. Nunca me había enfrentado a mi padre en todos esos años; no le había dicho no a nadie. Mi no ese día en aquella habitación realmente cabreó a mi padre.

Me forzaron a ir. Me pusieron entre la espada y la pared y no tuve elección. Si no vas te sucederá todo esto, así que te sugerimos que vayas y te lo quites de encima.

El problema es que eso no fue lo que ocurrió: no pude quitármelo de encima. Porque en cuanto entré allí ya no pude salir, por mucho que no dejara de suplicarlo.

Me mantuvieron encerrada en contra de mi voluntad durante meses.

42

Los médicos me alejaron de mis hijos, de mis perros y de mi casa. No podía salir. No podía conducir un coche. Tenía que hacerme análisis de sangre semanales. No podía bañarme en privado. No podía cerrar la puerta de mi habitación. Me vigilaban, incluso mientras me cambiaba de ropa. Tenía que irme a dormir a las nueve de la noche. Supervisaban lo que veía en la tele, de ocho a nueve, en la cama.

Tenía que levantarme todas las mañanas a las ocho. Tenía que acudir a reuniones interminables todos los días.

Me sentaba durante varias horas al día en una silla a recibir terapia obligatoria. Pasaba el tiempo entre las sesiones mirando por la ventana, viendo a los coches llegar o marcharse, muchos coches que traían a muchos terapeutas y guardias de seguridad, médicos y enfermeras. Lo que creo que me hizo más daño fue ver a todas esas personas yendo y viniendo mientras a mí me impedían salir fuera.

Me aseguraban que todo lo que estaba sucediendo era por mi propio bien, pero me sentía abandonada en aquel lugar, y, aunque no dejaban de decirme que estaban allí para ayudarme, no entendía qué era lo que mi familia quería de mí. Yo hacía todo lo que se suponía que debía hacer.

Mis hijos venían a verme una hora los fines de semana. Pero si no hacía lo que «se suponía que debía hacer» entre semana, no me permitían verlos.

Una de las pocas personas que me llamaron fue Cade. Con él siempre me había sentido segura y, a la vez, en peligro. La llamada más divertida que tuve durante ese tiempo fue cuando él me contactó por FaceTime desde un hospital en Texas para decirme que le había picado un escorpión en la cama, ¡en su cama! La pierna se le hinchó como una pelota de baloncesto, no es coña.

Le pregunté si me lo decía en serio mientras miraba en el teléfono su pierna inflada. La tenía fatal. La pobre pierna de Cade supuso una de las únicas distracciones auténticas para no pensar en aquello a lo que me estaba enfrentando y siempre le estaré agradecida a él y al escorpión de Texas.

Los terapeutas pasaban horas interrogándome todos los días, los siete días de la semana.

Llevaba años tomando Prozac, pero en el hospital me lo quitaron bruscamente y empezaron a darme litio, un medicamento peligroso que no quería ni necesitaba, y que te ralentiza y aletarga muchísimo. Sentí que mi concepto del tiempo cambiaba y estaba cada vez más desorientada. Al tomar litio, no sabía dónde estaba y a veces ni tan siquiera quién era yo. Mi cerebro no funcionaba como antes. No se me pasó por alto que el litio fue el medicamento que le dieron a mi abuela Jean, que más tarde se suicidaría, en Mandeville.

Mientras tanto, el equipo de seguridad que llevaba conmigo tanto tiempo actuaba como si fuera una criminal.

Cuando tocaba que me sacaran sangre, la persona que realizaba la extracción estaba flanqueada por una enfermera, un guardia de seguridad y mi asistente.

¿Acaso era yo una caníbal? ¿Una ladrona de bancos? ¿Un animal salvaje? ¿Por qué me trataban entonces como si fuera a incendiar aquel sitio y asesinar a todo el mundo?

Comprobaban mi tensión arterial tres veces al día, como si fuera una mujer de ochenta años. Y se tomaban su tiempo. Me hacían sentarme. Me ponían el manguito, lo ajustaban despacio y bombeaban despacio… Tres veces al día. Para no volverme loca, necesitaba moverme. El movimiento era mi vida como bailarina. Me alimentaba de él. Lo necesitaba y suplicaba por él. Pero me dejaban en aquella silla durante una eternidad. Empezaba a sentir que estaban torturándome ritualmente.

Tenía los pies inquietos, pero también el corazón y el cerebro. No podía nunca consumir esa energía.

Cuando mueves el cuerpo, recuerdas que estás viva. Eso era lo único que yo quería y no podía hacerlo, por lo que empecé a preguntarme si en realidad estaría ya medio muerta. Me sentía fatal.

Me engordó el culo de estar horas sentada en una silla, tanto que ya no me cabía ninguno de mis pantalones cortos. Me alejé de mi propio cuerpo. Tenía unas pesadillas terribles en las que atravesaba un bosque corriendo… Los sueños pueden llegar a ser tan reales… «Por favor, despierta, por favor, despierta, por favor, despierta. No quiero que sea real, no es más que un sueño», pensaba.

Si el propósito de estar en aquel lugar era curarme, no tenía tal efecto. Empecé a imaginarme a mí misma como un pájaro sin alas. ¿Sabes cuando de niña a veces corres con los brazos extendidos y el viento se mueve por encima de ellos, y por un segundo sientes como si volaras? Eso era lo que quería sentir yo. En cambio, lo que sentía cada día era como si me hundiese en la tierra.

Hice el programa yo sola durante dos meses en Beverly Hills. Fue un infierno, como estar en mi propia película de terror. Veo películas de miedo. He visto *Expediente Warren: The Conjuring*. Ya no me da miedo nada después de aquellos meses en el centro de tratamiento. En serio, ya no me da miedo nada.

A estas alturas, probablemente sea la mujer menos miedosa de la Tierra, pero eso no me hace sentirme fuerte, sino que me pone triste. No debería ser tan fuerte. Aquellos meses me curtieron. Echo de menos la época en la que era una desmelenada, como decíamos en mi pueblo. Aquella época en el hospital me arrebató mi desmelene. En muchos sentidos, me resquebrajó el alma.

Después de dos meses en un edificio, me cambiaron a otro dirigido por la misma gente, y en este no estaba sola. Aunque solía preferir estarlo, tras dos meses de confinamiento en solitario y tomando litio, sinceramente era mucho mejor verme acompañada de otros pacientes. Pasábamos juntos todo el día. Por la noche, nos dejaban solos en una habitación individual y las puertas se cerraban con un golpazo.

En mi primera semana allí, una de las otras pacientes vino a mi habitación y preguntó:

—¿Por qué gritas tan fuerte?

—¿Eh? Yo no estoy gritando —contesté.

—Te oímos todos. Estás gritando muy fuerte.

Miré a mi alrededor.

—Ni siquiera he puesto música —le dije.

Más tarde me enteré de que a veces oía cosas que el resto de la gente no oía, pero me dejó flipada.

Llegó una chica muy guapa y se hizo popular al instante. Era como en el instituto, donde ella era la animadora y yo, la friki desmotivada. Se saltaba todas las reuniones.

Aunque había un montón de personas allí que estaban como una cabra, la mayoría me gustaba. Había una chica que fumaba unos cigarrillos finos que no había visto en mi vida. Era adorable, y también sus cigarrillos. Me fijé en que su padre iba a verla los fines de semana. Mi familia, en cambio, me había dejado tirada en aquel lugar y cada uno había continuado con su vida.

—Sé que miras mis cigarrillos —me dijo un día la chica adorable—. Seguro que te gustaría probar uno, ¿eh?

Creía que nunca iba a ofrecérmelo.

—Sí —respondí.

Y así me fumé mi primer cigarrillo Capri con ella y algunas de las otras chicas.

Había un par de personas con desórdenes alimenticios y estaban tan delgadas que daba miedo. Yo tampoco comía mucho. Entre lo poco que comía y toda la sangre que me sacaban para los análisis, me extrañaba no haberme consumido.

Dios debía de estar conmigo en aquella época. Después de tres meses de confinamiento, empecé a creer que mi corazoncito, o lo que fuera que me hacía ser Britney, ya no estaba dentro de mi cuerpo. Algo más grande debía de estar respondiendo por mí, porque aquello era demasiado para soportarlo sola.

Me paro a pensar cómo sobreviví y pienso: «No fui yo, fue Dios».

43

Lo más duro fue que creía que delante de los médicos o de las visitas tenía que fingir todo el rato que me encontraba bien. Si me ponía nerviosa, lo tomaban como una prueba de que no estaba mejorando. Si me disgustaba o no claudicaba, seguía loca y fuera de control.

Me recordaba a lo que siempre contaban sobre cómo comprobaban si alguien era una bruja antiguamente. Tiraban a la mujer a un estanque y, si flotaba, era una bruja y la mataban, pero, si se hundía, era inocente y, vaya, moría de todas formas, pero supongo que creían que era buena idea saber de qué tipo de mujer se trataba.

Al cabo de un par de meses, llamé a mi padre para suplicarle que me dejara volver a casa.

—Lo siento —me dijo—, la jueza tiene que ver cómo proceder contigo. Ahora mismo depende de los médicos. No puedo hacer nada para ayudarte. Te dejo en manos de los médicos, yo no puedo ayudarte.

Lo extraño es que, tres días antes de que me dejaran en

aquel lugar, mi padre me envió un collar de perlas y una bonita tarjeta navideña escrita a mano. Me pregunté: «¿Por qué hace esto? ¿Quién es este hombre?».

Lo que más me dolía era que durante años había estado diciendo delante de las cámaras —ya fuera cuando grabé el videoclip «Work Bitch» o cuando empezó la curatela e hicimos la gira Circus— que se preocupaba mucho por mí y los niños.

«¡Es mi pequeña! —decía directo a la cámara—. La quiero muchísimo». Estaba atrapada en la caravana con la rara de Robin, la lacaya de Lou, a la que había llegado a odiar, mientras él le decía lo buen padre que era a cualquiera que escuchase.

Pero ahora que me negaba a hacer el nuevo *residency show* en Las Vegas, ahora que estaba retrasando las giras, ¿seguía siendo su queridísima niña?

Por lo visto, no.

Un abogado me dijo más tarde:

—Tu padre podría haber parado todo eso. Podría haberles dicho a los médicos: «No, esto es demasiado, dejemos que mi hija vuelva a casa».

Pero no lo hizo.

Llamé a mi madre para preguntarle por qué todo el mundo actuaba como si yo fuera tan peligrosa.

—Bueno, no sé, no sé, no sé… —contestó.

También le mandé un mensaje de texto a mi hermana mientras estaba en aquel sitio y le pedí que me sacara de allí.

«Deja de luchar —me escribió en respuesta—. No puedes hacer nada para evitarlo, así que deja de luchar».

Al igual que el resto, actuaba como si yo en cierta manera

fuera una amenaza. Parecerá una locura, pero lo voy a repetir porque es la verdad: creía que iban a intentar matarme.

No entendía cómo Jamie Lynn y nuestro padre habían desarrollado una relación tan buena. Ella sabía que yo necesitaba su ayuda y que él iba a por mí. Era como si se hubiese puesto de su lado.

Una de las amigas que me ayudaba a cambiarme de ropa todas las noches en el vestuario subterráneo durante mi temporada en Las Vegas más tarde me dijo:

—Britney, tuve tres o cuatro pesadillas mientras estuviste en aquel centro. Me despertaba en mitad de la noche. Soñaba que te suicidabas en aquel sitio. Y soñé que Robin, esa asistente supuestamente tan amable, me llamaba y me decía toda orgullosa: «Sí, murió en ese lugar».

Mi amiga me aseguró que había estado preocupada por mí todo aquel tiempo.

Varias semanas durante mi internamiento, estuve esforzándome por mantener la esperanza cuando una de las enfermeras, la única que era guay de verdad, me llamó para que me acercara a su ordenador.

—Mira esto —me dijo.

Me asomé a la pantalla e intenté encontrarle sentido a lo que estaba viendo. Había unas mujeres en un programa de entrevistas hablando de mí y de la curatela. Una de ellas llevaba una camiseta en la que se leía #LiberadABritney. La enfermera me enseñó vídeos de otras cosas: fans que estaban intentando averiguar si me tenían retenida en algún sitio en contra de mi voluntad, diciendo lo mucho que significaba mi música para ellos y que no soportaban la idea de que en ese momento estuviera sufriendo. Querían ayudarme.

Y, solo con eso, me ayudaron. Todo lo que estaba viendo la enfermera, también lo veía el hospital. El médico al final se dio cuenta de que había personas en todo el mundo preguntándose por qué aún me tenían encerrada. Estaba presente en todas las noticias.

Del mismo modo que creo percibir cómo se siente alguien en Nebraska, creo que mi conexión con los fans les ayudó subconscientemente a saber que estaba en peligro. Existe una conexión, no importa lo separados que nos hallemos. Incluso aunque te encuentres en la otra punta del país o del mundo, de algún modo estamos vinculados. Mis fans, aunque yo no hubiera declarado por internet ni en prensa que estaba confinada, parecían saberlo.

Contemplarlos marchando por las calles, gritando «¡Liberad a Britney!», fue una de las cosas más increíbles que había visto en mi vida. Sé que algunas personas se reían. Observaban las camisetas rosas con mi nombre y decían: «¿Qué tipo de manifestación es esta?».

Pero si hubieran sabido por lo que estaba pasando y entendido la conexión que tenía con mis fans, no creo que se hubieran reído. La verdad era que estaba retenida en contra de mi voluntad. Y quería saber si a la gente le importaba si vivía o moría.

¿Qué nos queda sin esa conexión entre nosotros? ¿Y qué vínculo hay más fuerte que la música? Todos los que hablaron en mi favor me ayudaron a sobrevivir aquel año tan duro y el trabajo que hicieron me sirvió para ganar mi libertad.

No creo que la gente sepa lo mucho que significó para mí el movimiento #LiberadABritney, sobre todo al principio. Hacia el final, cuando tuvieron lugar las vistas judiciales, ver a la gente defendiéndome significó mucho más. Pero cuando sucedió al principio me llegó al corazón, porque no estaba bien, nada en absoluto. Y el hecho de que mis amigos y mis fans percibieran lo que estaba pasando e hicieran todo eso por mí es una deuda que nunca podré pagar. Si luchaste por mí cuando yo no pude hacerlo por mí misma: muchísimas gracias de todo corazón.

44

Cuando por fin regresé a mi casa, con mis perros y mis hijos, estaba eufórica.

¿Adivináis quién quiso venir a verme la primera semana en cuanto estuve de vuelta?

Mi familia.

—¡Estamos muy orgullosos de ti, Britney! —dijo mi padre—. ¡Lo conseguiste! Ahora todos queremos ir a visitarte y estar contigo.

Pero, a esas alturas, detectaba de lejos sus mentiras. Sabía que en realidad lo que estaba diciendo era: «Qué ganas de ver tu dinero…, quiero decir, ¡de verte a ti!».

Así que vinieron: mi padre, mi madre y mi hermana, con sus dos hijas, Maddie e Ivey.

Yo era una sombra de mí misma. Todavía tomaba litio y no tenía muy definido el sentido del tiempo. Y estaba asustada. Se me pasó por la cabeza que solo venían a visitarme para terminar lo que habían empezado hacía unos meses, matarme de una vez por todas. Tal vez suene paranoico, pero hay que tomar en consideración todo lo que me había pasado hasta entonces, cómo me habían engañado y recluido.

Me uní por tanto al juego. «Si soy amable con ellos, no volverán a intentar matarme», pensé.

Durante tres meses y medio, apenas había recibido un abrazo de nadie. Me entran ganas de llorar por lo fuerte que tuvo que ser mi corazoncito.

Pero mi familia entró en mi casa como si no hubiera pasado nada. Como si no acabara de superar un trauma casi insoportable en aquel lugar.

—Eh, chica, ¿cómo te va? —me preguntó Jamie Lynn, sonando animada.

Mi madre, ella y las niñas estaban siempre por la cocina. Jamie Lynn había concertado un montón de reuniones con programas de televisión cuando estaba en Los Ángeles. Mi padre iba con ella a las reuniones en Hollywood y había vuelto alborotada y feliz.

—¿Qué hay, niños? —gritó al entrar en la cocina y ver a mis hijos.

Había encontrado su magia. Me alegraba por ella, aunque al mismo tiempo no me apetecía especialmente tenerla cerca.

—¡Madre mía, se me ha ocurrido una idea fantástica para ti y para mí! —me dijo un día al volver de otra de sus reuniones mientras yo estaba apoyada en la encimera medio comatosa—. ¿Qué te parece un programa con las dos hermanas?

Cada vez que abría la boca, salía un plan nuevo. ¡Una comedia de situación! ¡Una comedia romántica!

Hablaba durante lo que parecía horas enteras mientras yo miraba al suelo y la escuchaba. Y la frase que retumbaba en mi cabeza era: «¿Qué coño está pasando?».

En cuanto mi familia se marchó de mi casa después de aquella visita horrible, empecé a sentir de verdad por lo que había pasado. Y no me quedó nada más que una rabia ciega. Me habían castigado. ¿Por qué? ¿Por mantenerlos desde que era niña?

¿Cómo había conseguido no suicidarme en aquel sitio y acabar con mi sufrimiento como cuando se dispara a un caballo cojo? Creo que casi cualquiera en mi situación lo habría hecho.

Al pensar lo cerca que había estado de hacerlo, lloré.

Entonces pasó algo que me sacó de mi estupor. Aquel agosto, mi padre estaba discutiendo con Sean Preston, que tenía ya trece años. Mi hijo fue a encerrarse en su habitación para terminar la pelea y mi padre echó abajo la puerta y le sacudió. Kevin presentó una denuncia a la policía y a mi padre le prohibieron ver a mis hijos.

Supe que debía reunir un poco más de fuerza y luchar una última vez. Había sido un camino muy largo. De perder la fe y volverla a encontrar. De que me empujaran y me pusiera en pie de nuevo. De buscar la libertad, solo para que se me escurriera de las manos.

Si había sido lo bastante fuerte para sobrevivir a todo lo que había sobrevivido, podía aprovechar la oportunidad y pedirle a Dios solo un poquito más. Iba a solicitar, con mi puta alma, que retirasen la curatela.

Porque ya no quería que esa gente dirigiera mi vida.

Ni siquiera los quería en mi puñetera cocina.

No quería que volvieran a tener jamás el poder de separarme de mis hijos, de mi casa, de mis perros ni de mi coche.

«Si puedo invocar algo —pensé—, que sea el final de esto».

45

El primer paso para asegurar mi libertad fue que la gente comenzara a entender que todavía era una personal real, y sabía que podía conseguirlo si compartía más cosas de mi vida en las redes sociales. Empecé a probarme ropa nueva y a enseñarla en Instagram. Me pareció muy divertido. Aunque algunas personas de internet lo vieron extraño, me dio igual. Cuando te han sexualizado toda la vida, te sienta de maravilla tener el control absoluto del armario y de la cámara.

Traté de volver a tener contacto con la creatividad y seguí a artistas plásticos y musicales en Instagram. Me topé con un tipo que hacía unos vídeos flipantes. Uno era solo un tigre blanco a rayas rosas que caminaba por una pantalla rosa pastel. Al verlo, me entraron unas ganas tremendas de crear algo yo misma y empecé a juguetear con una canción. Al principio, añadí el sonido de un bebé riéndose. Creía que era diferente.

—¡No pongas a un bebé riéndose! —me dijo Hesam.

Hice caso de su consejo y lo quité, pero, al cabo de una hora, otra cuenta que seguía publicó un vídeo con un bebé riéndose y me puse celosa. «¡Debería haberlo hecho! —pensé—. ¡Esa risa espeluznante de bebé debería haber sido cosa mía!».

Los artistas somos raros, ¿sabes?

Había muchísima gente en la industria musical en esa época que creía que se me había ido la olla. Hubo un momento en el que prefería estar «loca» y poder hacer lo que yo quisiera en vez de «ser buena gente» y hacer lo que todo el mundo me decía que hiciera sin poder expresarme. Y en Instagram quería demostrar que existía.

También me encontré riéndome más, gracias a humoristas como Amy Schumer, Kevin Hart, Sebastian Maniscalco y Jo Koy. Desarrollé un gran respeto por su ingenio e inventiva, por cómo usaban la lengua para meterse bajo la piel de la gente y hacerlos reír. Eso es un don. Oírlos usando sus voces —ser tan típicamente ellos— me recordó que era algo que yo también sabía hacer, cuando subía vídeos a las redes sociales o incluso en un pie de foto. El humor fue lo que hizo posible que la amargura no me consumiera.

Siempre he admirado a la gente de la industria del espectáculo que tiene un ingenio agudo. La risa lo cura todo.

Puede que la gente se ría porque subo cosas inocentes o extrañas, o porque puedo ser mala cuando hablo de las personas que me han hecho daño. Quizá esto haya sido un despertar feminista. Supongo que lo que quiero decir es que mantener el misterio sobre mi yo verdadero me concede una ventaja… ¡porque nadie lo sabe!

Mis hijos a veces se ríen de mí y, cuando lo hacen, no me importa demasiado.

Siempre me han ayudado a cambiar mi perspectiva del mundo. Desde que eran pequeños, siempre han visto las cosas de manera distinta y ambos son muy creativos. Sean Preston es un genio en el colegio, realmente es muy muy brillante. Jayden tiene un don natural con el piano. Me pone la piel de gallina.

Antes de la pandemia, se quedaban conmigo para cenar una comida riquísima dos o tres veces a la semana. Siempre me contaban las cosas maravillosas que hacían y lo que les entusiasmaba.

—¡Mamá, mira este dibujo que he hecho! —me decía uno. Yo comentaba lo que veía y me contestaban: «Sí, pero ahora, mamá, míralo así». Y entonces lograba ver incluso más cosas en lo que habían dibujado. Adoro su profundidad y su carácter, su talento y su bondad.

A medida que nos aproximábamos a una nueva década, todo empezaba a cobrar sentido otra vez.

Entonces llegó la covid.

Los primeros meses de confinamiento, me hice incluso más hogareña de lo que ya era. Pasaba días, semanas, sentada en mi habitación, escuchando libros de autoayuda, con la vista clavada en la pared o haciendo joyería, muerta de aburrimiento. Una vez oídos un montón de audiolibros, me pasé a la ficción, cualquier cosa que apareciera bajo la etiqueta «Imaginación», en especial cualquier libro que tuviera un narrador con acento británico.

Pero fuera, en el mundo, el equipo de seguridad impuesto por mi padre continuaba obligándome a cumplir las normas. Un día había salido a la playa y me quité la mascarilla. Se me echó encima el de seguridad para reñirme. Me reprendieron y me castigaron durante semanas.

Por cómo funcionaban las cuarentenas y por su horario de trabajo, no tenía a Hesam conmigo.

Me sentía tan sola que hasta echaba de menos a mi familia.

Llamé a mi madre y le dije:

—Quiero veros.

—Ahora estamos comprando —respondió—. ¡Tengo que dejarte! Luego te llamamos.

Y no lo hicieron.

Las normas de confinamiento eran distintas en Luisiana y siempre estaban por ahí.

Al final dejé de intentar hablar con ellos por teléfono y me fui a Luisiana a verlos. Allí parecían muy libres.

¿Por qué seguía tratándolos? No estoy segura. ¿Por qué siempre continuamos con las relaciones disfuncionales? Para empezar, seguía teniéndoles miedo y quería que nos lleváramos bien. Mi padre todavía era legalmente yo y nunca vacilaba en señalarlo, aunque albergaba la esperanza de que no se alargara mucho más.

Fue durante ese periodo de tiempo con mi familia cuando me enteré de que, mientras había estado en el centro de salud mental, habían tirado un montón de cosas que había dejado en casa de mi madre. No quedaba ni una de las muñecas Madame Alexander que había coleccionado de pequeña, así como tampoco tres años de trabajo escribiendo. Tenía una carpeta llena de poesía que para mí significaba mucho. Todo había desaparecido.

Cuando vi las estanterías vacías, sentí una tristeza abrumadora. Me acordé de las páginas que había escrito entre lágrimas. Nunca quise publicarlas ni nada de eso, pero para mí eran importantes. Y mi familia las había tirado a la basura, igual que se habían deshecho de mí.

Luego me calmé y pensé: «Puedo comprarme otra libreta y empezar de nuevo. He pasado por mucho. La razón por la que sigo viva es porque conozco la alegría».

Era hora de volver a encontrar a Dios.

En aquel instante, hice las paces con mi familia…, y con eso quiero decir que me di cuenta de que no quería volver a verlos, y me sentía en paz con eso.

46

El abogado designado por el tribunal que llevaba conmigo trece años nunca había sido de mucha ayuda, pero durante la pandemia empecé a preguntarme si a lo mejor podía aprovecharme de él. Con la constancia del que reza, empecé a hablar con él dos veces a la semana, tan solo para considerar mis opciones. ¿Estaba trabajando para mí o para mi padre y Lou?

Mientras él hablaba sobre el asunto, yo pensaba: «No pareces creer en lo que sé: sé adónde voy con esto. Voy a seguir hasta que termine y sé que tú no vas a verlo acabado».

Finalmente, llegué a un momento decisivo. Estaba claro que aquel hombre ya no podía hacer nada por mí. Tenía que tomar el control.

Había permanecido callada públicamente sobre todo el asunto, pero en mi cabeza estaba rezando para que terminara. Me refiero a rezar de verdad…

Así que la noche del 22 de junio de 2021, desde mi casa en California, llamé al 911, el teléfono de emergencias, para informar de que mi padre había abusado de la curatela.

El tiempo transcurrido entre cuando empecé a poner mi empeño en terminar con la curatela y cuando por fin acabó fue un duro periodo en el limbo. No sabía cómo iba a terminar todo. Mientras tanto, aún no podía decirle no a mi padre ni hacer las cosas a mi modo, y me daba la impresión de que cada día salía un nuevo documental sobre mí en alguna plataforma de *streaming*. Esto era lo que estaba pasando cuando me enteré de que mi hermana iba a sacar un libro.

Yo seguía bajo el control de mi padre. No podía decir nada para defenderme. Quería explotar.

Fue duro ver los documentales sobre mí. Entiendo que todo el mundo tenía buenas intenciones, pero me dolió ver a viejos amigos hablando con cineastas sin consultarme a mí primero. Me sorprendió ver frente a las cámaras a gente en la que había confiado. No entendía cómo podían hablar así de mí a mis espaldas. En su lugar, yo habría llamado a mi amiga para ver si no le importaba que hablase de ella.

Había demasiadas suposiciones sobre lo que yo pensaba o sentía.

«¿Señora Spears? Cuando quiera, puede dirigirse a mí», se oyó la voz por el teléfono.

Me encontraba en mi salón. Era una tarde de verano cualquiera en Los Ángeles.

El 23 de junio de 2021, por fin tuve que dirigirme al tribunal de sucesiones de Los Ángeles para el asunto de la curatela. Y sabía que el mundo estaba escuchando. Llevaba días practicando para aquello, pero ahora que había llegado el momento estaba muy nerviosa por todo lo que había en juego. Sobre todo, porque sabía que millones de personas estarían escuchando mi voz en cuanto me tocara hablar, puesto que había pedido que esa vista estuviera abierta al público.

Mi voz. Estaba por todas partes, por todo el mundo —en la radio, en la televisión, en internet—, pero había muchas partes de mí que habían suprimido. Habían usado mi voz en mi favor, y en mi contra, tantas veces que temía que nadie la reconociera ahora si hablaba libremente. ¿Y si me llamaban loca? ¿Y si decidían que estaba mintiendo? ¿Y si me equivocaba al decir algo y todo se torcía? Había escrito muchas versiones de aquella declaración. Había intentado un millón de veces hacerlo bien, decir lo que tenía que decir, pero en aquel instante estaba nerviosa.

Y entonces, a través del miedo, me acordé de que seguía habiendo cosas a las que podía aferrarme: el deseo de que la gente entendiera por lo que había pasado. La fe en que todo aquello podía cambiar. La creencia de que tenía derecho a experimentar alegría. El conocimiento de que merecía mi libertad.

Esa profunda sensación que percibía de que la mujer que hay en mí seguía siendo lo bastante fuerte para luchar por lo correcto.

Miré a Hesam, que estaba sentado a mi lado en el sofá. Me apretó la mano.

Y así, por primera vez en lo que me había parecido una eternidad, empecé a contar mi historia.

Le dije a la jueza: «He mentido y le he transmitido a todo el mundo que estoy bien, que soy feliz, pero es mentira. Creía que, si lo repetía lo bastante, tal vez sería feliz, porque lo he estado negando... Pero ahora estoy diciendo la verdad, ¿vale? No soy feliz. No puedo dormir. Estoy tan enfadada que es una locura. Y estoy deprimida. Lloro todos los días».

Continué diciendo: «Ni siquiera bebo alcohol. Debería beber alcohol, si tenemos en cuenta lo que le han hecho pasar a mi corazón».

«Ojalá pudiera quedarme aquí hablando con usted por teléfono para siempre —proseguí—, porque, en cuanto cuelgue, lo único que oiré de pronto serán esos noes. Y entonces de golpe me siento acorralada y acosada, me siento excluida y sola. Y estoy harta de sentirme sola. Me merezco tener los mismos derechos que cualquiera, tener a mis hijos, una familia, todas esas cosas y más. Y eso es todo lo que quería decirle. Muchas gracias por dejarme hablar con usted hoy».

Apenas respiraba. Era la primera oportunidad que tenía de hablar en público después de tanto tiempo y me habían salido por la boca un millón de cosas. Esperé a ver cómo respondía la jueza. Tenía la esperanza de recibir alguna indicación de en qué estaba pensando.

«Quiero que sepa que soy consciente de todo lo que ha dicho y cómo se ha sentido —dijo—. Sé que ha tenido que ser muy valiente para decir todo lo que ha dicho hoy, y quiero que sepa que el tribunal aprecia que haya hablado por teléfono para compartir cómo se siente».

Me hizo sentirme aliviada, como si por fin me hubieran escuchado después de trece años.

Siempre he trabajado muy duro. Aguanté durante mucho tiempo esa opresión. Pero, cuando mi familia me internó en aquel centro, fue demasiado lejos.

Me habían tratado como si fuera una delincuente. Y me hicieron pensar que me lo merecía. Hicieron que me olvidara de mi valor y mi autoestima.

De todo lo que hicieron, diré que lo peor fue forzarme a cuestionar mi fe. Nunca tuve ideas estrictas sobre la religión. Solo sabía que había algo superior a mí. Bajo su control, durante un tiempo dejé de creer en Dios. Pero después, cuando llegó el momento de acabar con la curatela, me di cuenta de una cosa: no puedes joder a una mujer que sabe rezar. Rezar de verdad. Todo lo que hice fue rezar.

48

Me habían mentido durante los últimos trece años. Todo el mundo sabía que necesitaba un nuevo abogado, y al final también yo llegué a la misma conclusión. Era el momento de recuperar el control de mi vida.

Recurrí a mi equipo en las redes sociales y a mi amigo Cade para que me ayudaran a encontrar uno. Así fue como conseguí a Mathew Rosengart, y fue extraordinario. Al ser un antiguo fiscal federal destacado, con un importante bufete de abogados, tenía un buen número de clientes famosos, como Steven Spielberg y Keanu Reeves, y mucha experiencia en casos complejos de alto nivel. Hablamos varias veces por teléfono y al cabo vino a verme a mi casa a principios de julio. En cuanto Mathew estuvo en mi bando, sentí que estaba más cerca del final. Algo tenía que suceder. No podía quedarse estancado. Pero, claro, como se trataba del sistema judicial, tuvimos que esperar un montón de veces y preparar varias estrategias.

Le asombraba que no hubiera tenido abogado durante tanto tiempo. Me dijo que hasta los criminales más despiadados podían elegir a sus propios abogados y añadió que odiaba el abuso. Estaba contenta, porque yo misma veía a mi padre, a Lou y a Robin como unos abusones y los quería sacar de mi vida.

Mathew dijo que en primer lugar iría al tribunal a presentar una petición para apartar a mi padre de su papel de curador; una vez logrado, sería más fácil tratar de terminar con la curatela completa. Justo pocas semanas más tarde, el 26 de julio, presentó la petición para relevar a mi padre de ese rol. Tras una gran vista en el tribunal, el 29 de septiembre, a mi padre le fue retirada la función de curador. Salió en todas las noticias antes de que Mathew tuviera tiempo de llamarme tras la vista.

Sentí que me invadía un gran alivio. El hombre que me había dado miedo de niña y había dirigido mi vida de adulta, el que había hecho más que nadie para minar mi confianza en mí misma, ya no me controlaba.

En aquel momento, con mi padre fuera de juego, Mathew me dijo que habíamos cobrado impulso, así que pidió también el fin de la curatela.

Estaba en un resort en Tahití en noviembre cuando Mathew me llamó para darme la noticia de que ya no estaba sujeta a la curatela. Al marcharme de viaje, me había dicho que un día pronto me despertaría por primera vez en trece años como una mujer libre. De todos modos, no podía creérmelo cuando me llamó nada más salir de la vista en el tribunal para decirme que todo había terminado. Era libre.

Aunque había sido su estrategia la que nos llevó a la victoria, me dijo que era mérito mío lo que había ocurrido. Me dijo que, al prestar testimonio, me había liberado y probablemente también había ayudado a otras personas bajo curatelas injustas. Después de tener a mi padre atribuyéndose el mérito por todo lo que yo hacía durante tanto tiempo, significó para mí muchísimo que este hombre me dijera que yo misma había cambiado algo en mi propia vida.

Y ahora, por fin, era realmente mi propia vida.

Al haber estado controlada, me solidaricé con cualquiera que no tuviera derecho a decidir su propio destino.

«Doy las gracias, sinceramente, por cada día… No he venido a hacerme la víctima —dije en Instagram después de que terminara la curatela—. Toda mi infancia viví con víctimas. Por eso me fui de casa. Y trabajé durante veinte años, me maté trabajando… Con un poco de suerte, mi historia causará impacto y cambiará algunas cosas en el sistema corrupto».

Durante los meses posteriores a esa llamada de teléfono, he tratado de reconstruir mi vida día a día. Estoy intentando aprender a cuidarme a mí misma y también a divertirme.

En unas vacaciones en Cancún, conseguí hacer algo que me encantaba hacía unos años: ir en moto acuática. La última vez que había montado en una moto de agua había sido en Miami con los niños. Iba demasiado rápido porque intentaba llevar su ritmo. ¡Esos chavales son un peligro con las motos acuáticas! Van muy deprisa y dan saltos. Al surcar las olas tras ellos, me dieron fuerte —bum, bum, bum—, me caí y me hice daño en el brazo.

Como no quería repetir aquella experiencia, en mayo de 2022 le dije a mi asistente que me llevara. Me he dado cuenta de que es mucho mejor cuando alguien te lleva. Esta vez pude sentir la fuerza del motor, pude disfrutar de la sensación de estar en las aguas cristalinas del mar y pude ir a la velocidad exacta que quería.

Ese es el tipo de cosas que hago ahora: intento divertirme, intento ser amable conmigo misma, tomarme las cosas a mi ritmo. Y, por primera vez en mucho tiempo, me permito confiar de nuevo.

Todos los días me pongo música. Al ir por mi casa cantando, me siento completamente libre, completamente a gusto, completamente feliz. No me importa si sueno perfecta o no. Cantar me hace sentirme segura y fuerte, como hacer ejercicio o rezar. (Recuerda: tu lengua es tu espada). Cualquier cosa que te acelere el corazón es buena. La música hace eso, además de conectar con Dios. Ahí es donde tengo el corazón.

Cuando tuve acceso a tiempo completo a un estudio en Malibú, me encantaba ir allí con frecuencia. Un día creé seis canciones. La música está en su estado más puro para mí cuando la hago para mí misma. Creía que podía volver a tener un estudio algún día para divertirme un poco, pero durante un tiempo no pensé en grabar.

Cambié de opinión cuando me invitaron a grabar una canción con un artista que había admirado durante toda mi vida: sir Elton John. Es uno de mis intérpretes preferidos de todos los tiempos. Le había conocido en una fiesta de los Oscar hacía una década y nos habíamos entendido muy bien. Y ahora me enviaba un vídeo muy dulce en el que me preguntaba si me interesaría colaborar en una de sus canciones más icónicas. «Hold Me Closer» sería una versión dueto modernizada de su éxito «Tiny Dancer» con fragmentos también de alguna que otra canción suya.

Me sentí muy honrada. Al igual que yo, Elton John había pasado por mucho en público, lo que le había dotado de una capacidad de compasión increíble. ¡Qué hombre tan maravilloso en todos los sentidos!

Para hacer la colaboración aún más significativa: cuando era pequeña, escuchaba «Tiny Dancer» en el coche en Luisiana cuando me llevaban y me traían de mis clases de baile y gimnasia.

Sir Elton era amable y me hacía sentir a gusto. Una vez que fijamos la fecha para grabar la canción, me dirigí al estudio del productor en Beverly Hills.

El estudio estaba en el sótano de su casa. Jamás había visto un lugar como aquel: era un estudio totalmente abierto, con guitarras, pianos, mesas de sonido, y todo el equipo de música expuesto. Estaba nerviosa porque iba a ser la primera vez que la gente oiría mi voz en algo nuevo desde hacía seis años, pero creía en la canción y en mí misma, así que fui a por ello.

Me puse delante del micrófono, aceleré el ritmo y empecé a cantar. Al cabo de unas horas, habíamos terminado. Había grabado un dueto con uno de mis artistas preferidos y de una de mis canciones preferidas. Estuve entusiasmada, ansiosa y emocionada durante las semanas previas al lanzamiento.

Antes de la curatela, subía al escenario y todos me miraban para ver la señal de que empezaba el espectáculo. Levantaba el dedo índice y decía: «¡Vamos!». Bajo la curatela, siempre tenía que esperar a los demás. Me decían: «Nosotros te avisaremos cuando estemos preparados». No sentía que me trataran como si valiera algo. Lo odiaba. Durante la curatela, me habían enseñado a sentirme casi demasiado frágil, demasiado asustada. Fue el precio que pagué bajo la curatela. Me arrebataron gran parte de mi condición de mujer, de mi espada, de mi núcleo, de mi voz, de mi capacidad de decir: «Que os jodan». Sé que suena mal, pero hay algo crucial en todo esto. No subestimes tu poder.

«Hold Me Closer» salió el 26 de agosto de 2022. El 27 de agosto ya éramos número uno en cuarenta países. Mi primer número uno y mi sencillo que más tiempo se mantuvo en las listas de éxitos en casi diez años. Además, bajo mis propias condiciones. Con pleno control. Los fans dijeron que en ese tema sonaba espectacular. Compartir tu trabajo con el mundo es aterrador. Pero, según mi experiencia, siempre vale la pena. Grabar «Hold Me Closer» y darla a conocer al mundo fue una experiencia fantástica. No estuvo bien, estuvo genial.

Seguir adelante con mi carrera musical no es en lo que estoy centrada en este momento. Ahora mismo para mí es hora de intentar poner orden en mi vida espiritual, de prestar atención a las pequeñas cosas, de bajar el ritmo. Es hora de dejar de ser lo que los demás quieren, es hora de encontrarme a mí misma de verdad. Según me voy haciendo mayor, voy apreciando cada vez más mis momentos de soledad. Ofrecer conciertos fue estupendo, pero en los últimos cinco años mi pasión por actuar frente a un público en directo ha menguado. Ahora interpreto para mí. Siento más a Dios cuando estoy sola.

No soy una santa, pero conozco a Dios.

Me queda mucha introspección por delante. Va a ser un proceso, ya estoy disfrutándolo. El cambio es bueno. Hesam y yo siempre rezamos juntos. Le admiro: su constancia con el ejercicio físico, que sea un buen hombre, que esté sano y cuide de mí y que me ayude a aprender cómo podemos cuidar el uno del otro.

Me sirve de inspiración y le estoy muy agradecida. El momento del final de la curatela fue perfecto para nuestra relación; pudimos entablar una nueva vida juntos, sin limitaciones, y nos casamos. Nuestra boda fue una bonita celebración por todo por lo que habíamos pasado juntos y lo mucho que deseábamos la felicidad del otro.

El día que finalizó la curatela, me abandoné a muchísimas emociones: conmoción, alivio, euforia, tristeza, alegría.

Me sentía traicionada por mi padre y también por el resto de mi familia, aunque suene triste. Mi hermana y yo deberíamos habernos consolado la una a la otra, pero por desgracia no fue así. Mientras estaba luchando contra la curatela y recibiendo mucha atención de la prensa, ella estaba escribiendo un libro sacando provecho de ello. Se apresuró a sacar a la luz historias escabrosas sobre mí, muchas de ellas hirientes y escandalosas. Me vine abajo.

¿No deberían las hermanas poder confesarse la una a la otra su vulnerabilidad y sus miedos sin que luego sea usado como prueba de inestabilidad?

No podía evitar sentir que ella no era consciente de por lo que yo había pasado. Daba la impresión de pensar que había sido fácil para mí porque había conseguido mucha fama desde muy joven, y parecía culparme por mi éxito y todo lo que conllevaba.

Jamie Lynn sin duda también sufría en nuestro hogar familiar. Cuando era niña nuestros padres se divorciaron y yo ya era mayor. No vivió apenas con ellos juntos, y sé que le costó intentar cantar y actuar, y abrirse su propio camino profesional a la sombra de una hermana que no solo atraía la mayor parte de la atención familiar, sino la del mundo entero. Mi corazón sufre por ella por todos esos motivos.

Pero no creo que entienda del todo lo desesperadamente pobres que éramos antes de que ella naciera. Gracias al dinero que llevé a la familia, no estaba indefensa frente a nuestro padre como mi madre y yo en los años ochenta. Cuando no tienes nada, el dolor se intensifica al no poder huir. Mi madre y yo tuvimos que presenciar el horror y la violencia sin creer que hubiera escapatoria.

Siempre será mi hermana y la querré, a ella y a su preciosa familia. Ha pasado por mucho, incluido un embarazo en la adolescencia, un divorcio y el accidente casi fatal de su hija. Ha hablado del dolor de crecer a mi sombra. Estoy trabajando para sentir más compasión que ira hacia ella y hacia cualquiera que sienta que me ha tratado mal. No es fácil.

A veces he soñado que June me dice que sabe que él hirió a mi padre, que a su vez me hirió a mí. Siento que me quiere, y que ha cambiado en el más allá. Espero que algún día pueda también sentirme mejor respecto al resto de mi familia.

Mi rabia se ha estado manifestando físicamente, sobre todo con migrañas.

Cuando me atacan, no quiero ir al médico porque el hecho de que me enviaran de un médico a otro durante todos esos años me hizo cogerles fobia. Así que me ocupo de ello yo sola. No me gusta hablar de las migrañas, porque soy supersticiosa y creo que, si hablo de ellas, tendré más.

Cuando las sufro, no puedo estar donde hay luz ni puedo moverme. Me quedo muy quieta a oscuras. Cualquier tipo de luz hace que me retumbe la cabeza y es como si me fuera a desmayar… Así es de doloroso. Tengo que dormir un día y medio. Hasta hace poco no había tenido un dolor de cabeza en toda mi vida. Mi hermano antes se quejaba de sus jaquecas, y yo creía que exageraba al describirlas. Ahora siento haberlo puesto alguna vez en duda.

Para mí la migraña es peor que un virus estomacal. Al menos con el bicho sigues pudiendo pensar con claridad. Tu cabeza puede ayudarte a averiguar qué quieres hacer, qué película quieres ver. Pero, cuando tienes migraña, no puedes hacer nada porque te quedas sin cerebro. Las migrañas son solo una parte del daño físico y emocional que tengo ahora que no está vigente la curatela. No creo que mi familia entienda el daño real que me hizo.

Durante trece años, no se me permitió comer lo que quería, conducir, gastarme mi dinero como yo quería, beber alcohol o incluso café.

La libertad para hacer lo que quiero me ha devuelto mi condición de mujer. Así que a mis cuarenta y pico estoy intentando cosas como si fuera la primera vez. Siento como si durante mucho tiempo hubieran hundido a la mujer que soy.

Y ahora por fin vuelvo con fuerza a la vida. En realidad, bien podría incluso ir a pecar a la Ciudad del Pecado.

He empezado a experimentar por primera vez en muchos años las riquezas de ser una mujer adulta. Me siento como si hubiera estado mucho tiempo bajo el agua y solo hubiese salido a la superficie en alguna que otra ocasión para coger aire y un poco de comida. Recuperar mi libertad me dio pie a pisar tierra firme y, siempre que quiero, irme de vacaciones, tomar un cóctel, conducir mi coche, ir a un resort o quedarme contemplando el océano.

Voy poco a poco e intento dar las gracias por las pequeñas cosas. Doy las gracias por que mi padre ya no esté en mi vida. Ya no tengo que temerle. Si gano peso, es un alivio pensar que nadie va a estar ahí gritándome: «¡Tienes que adelgazar!». Puedo volver a comer chocolate.

En cuanto mi padre ya no estuvo cerca para hacerme comer lo que él quería que comiera, mi cuerpo se fortaleció y regresó mi fuego. Confiaba en mí misma y empezó a gustarme otra vez mi aspecto. Me encantaba probarme ropa y enseñarla en Instagram.

Sé que mucha gente no entiende por qué me encanta hacerme fotos desnuda o con vestidos nuevos, pero creo que si los hubieran fotografiado a ellos otras personas mil veces, si les hubieran obligado a posar bajo la aprobación de los demás, entenderían que me hace muy feliz posar de la manera en que me siento sexy y tomarme yo mi propia foto y hacer lo que me dé la gana con ella. Vine a este mundo desnuda y sinceramente me siento como si hubiera cargado con el peso del planeta sobre los hombros. Quería sentirme más ligera y más libre. De bebé, tenía toda la vida por delante, y así es como me siento ahora, como un lienzo en blanco.

Realmente es como si hubiera vuelto a nacer. Al cantar mientras camino por casa como cuando era niña, disfruto del sonido saliendo de mi cuerpo y rebotando de vuelta a mí. Para empezar, estoy descubriendo de nuevo el placer de cantar. Esa sensación para mí es sagrada. Lo hago por mí, y por nadie más.

No dejan de preguntarme cuándo voy a volver a los escenarios. Confieso que se me hace difícil esa pregunta. Estoy disfrutando de bailar y cantar como lo hacía cuando era más joven y no para beneficio de mi familia, no para conseguir nada, sino solo para mí y porque sentía auténtica pasión por ello.

Solo ahora siento que estoy recuperando la confianza en la gente y mi fe en Dios. Ahora sé lo que me hace feliz y lo que me da alegría. Intento meditar sobre aquellos lugares y pensamientos que me permiten experimentarlo. Me encantan los sitios bonitos, mis hijos, mi marido, mis amigos, mis mascotas. Me encantan mis fans.

Hablando de fans, la gente a veces me pregunta sobre mi especial relación con la comunidad gay.

Para mí, es todo una cuestión de amor. De amor incondicional. Mis amigos gais siempre se mostraron protectores conmigo, quizá porque sabían que yo era una inocente. No tonta, pero tal vez demasiado amable. Y creo que muchos de los chicos gais que me rodeaban adoptaron un papel de apoyo. Podía incluso sentirlo en el escenario cuando estaban a mi lado. Si yo pensaba que no había hecho mi mejor actuación, podía contar con que mis amigos, aun dándose cuenta de que no me sentía satisfecha, me dirían: «¡Has estado genial!». Ese tipo de amor lo es todo para mí.

Algunas de mis noches favoritas tenían lugar cuando salía con mis bailarines. Una vez en Europa fuimos a una discoteca gay, donde sentí que todo el mundo a mi alrededor en la pista de baile era muy alto. Sonaba una fantástica música electro dance y me encantó. Bailé hasta las seis de la mañana y me pareció que solo habían pasado dos segundos. Mi corazón se llenó de vida. Fue como el momento místico en Arizona: era una experiencia espiritual encontrarme entre personas que podía sentir que me querían incondicionalmente. Con amigos así, no importa qué haces o dices o a quién conoces. Es amor verdadero.

Recuerdo también que una vez en Italia acudí a un espectáculo en el que algunas artistas drag interpretaban mis canciones. Fue increíble. Las artistas eran guapísimas. Vivían el momento y se notaba que adoraban actuar. Tenían corazón e ímpetu, y eso es algo que respeto mucho.

Una vez que me liberé de la curatela me fui sin falta a los dos lugares de vacaciones a los que había tenido que renunciar: a Maui y a Cancún. Nadé en el océano, me senté al sol, jugué con mi nuevo cachorro, Sawyer, y fui a dar paseos en barco con Hesam. Leí mucho y escribí este libro. Mientras estaba de viaje, me enteré de que estaba embarazada. Durante muchos años había deseado tener otro bebé. Hacía bastante tiempo que Hesam y yo queríamos formar nuestra propia familia. Valoro lo estable que es. Me encanta que nunca beba. Es un regalo de Dios. Y descubrir que él y yo estábamos a punto de tener un hijo juntos me entusiasmó.

También tenía miedo. Cuando estuve embarazada de Sean Preston y Jayden, sufrí depresión. El embarazo en esta ocasión fue igual en muchos sentidos —me encontraba un poco mal, y me encantaban la comida y el sexo—, así que me pregunté si también me provocaría depresión. Me notaba un poco más lenta. Me gusta estar espabilada. Pero mi vida era mucho mejor y tenía tanto apoyo que me sentía segura de poder superarlo.

Antes de terminar el primer trimestre, aborté. Estaba tan entusiasmada con mi embarazo que se lo había contado a todo el mundo, lo que significaba que ahora debía dar la mala noticia. Publicamos en Instagram: «Con la más profunda tristeza, anunciamos que hemos perdido a nuestro pequeño milagro a principios del embarazo. Este es un momento devastador para cualquier padre o madre. Tal vez deberíamos haber esperado a anunciarlo hasta más adelante, pero estábamos exaltados y quisimos compartir la buena noticia. El amor que sentimos el uno por el otro es nuestra fuerza. Seguiremos intentando ampliar nuestra bonita familia. Estamos agradecidos por todo vuestro apoyo. Pedimos, por favor, intimidad durante este momento difícil».

Estaba destrozada por haber perdido el bebé. Pero volví a usar la música para ayudarme a ganar perspectiva y aceptarlo. Cada canción que canto o bailo me permite expresar una historia diferente y me ofrece una nueva vía de escape. Escuchar música en el móvil me ayuda a lidiar con la ira y la tristeza a las que me enfrento de adulta.

Hoy en día intento no pensar demasiado en mi familia, pero sí me pregunto qué opinarán de este libro. Tras haber sido silenciada durante trece años, me pregunto si cuando me oyen hablar se les pasa por la cabeza: «A lo mejor tiene razón». Creo que sienten remordimientos de conciencia, que en lo más hondo saben que estuvo muy mal lo que me hicieron.

Después de todos esos años en los que me obligaron a cumplir con lo que me decían y me trataron de semejante manera, tengo claro de qué tipo de gente quiero estar rodeada y de cuál no. Gran parte de los medios fueron crueles conmigo y eso no ha cambiado solo porque haya terminado la curatela. Se ha especulado mucho sobre cómo estoy. Sé que a mis fans les importa de verdad. Ahora soy libre. Solo estoy siendo yo misma y comenzando a sanar. Por fin hago lo que quiero cuando quiero. Y no dejo de valorarlo ni un minuto.

La libertad significa hacer payasadas, tonterías, y divertirme en las redes sociales. La libertad significa darme un respiro de Instagram sin que la gente llame a Emergencias. La libertad significa poder cometer errores y aprender de ellos. La libertad significa no tener que actuar frente a nadie, ni sobre un escenario ni fuera de él. La libertad significa que puedo ser tan maravillosamente imperfecta como cualquier otra persona. Y la libertad significa la capacidad, y el derecho, de buscar la alegría, a mi manera, en mis propios términos.

Me llevó mucho tiempo y mucho esfuerzo sentirme lista para contar mi historia. Espero que de algún modo inspire a la gente y logre llegar a su corazón. Desde que soy libre, he tenido que construir toda una identidad distinta. Y he tenido que decir: «Espera un segundo, esa es mi yo de antes, pasiva y complaciente. Una niña. Y esta es mi yo de ahora, alguien fuerte y segura de sí misma. Una mujer».

Cuando de pequeña me tumbaba sobre las piedras cálidas de la rocalla de mis vecinos, tenía grandes sueños. Me sentía tranquila, en control de la situación. Sabía que podía hacer mis sueños realidad. Durante mucho tiempo, no siempre tuve el poder de hacer que el mundo presentara el semblante que yo quería, pero en muchos aspectos ahora lo tengo. No puedo cambiar el pasado, pero ya no hay motivo para sentirme sola o asustada. He pasado por muchas cosas desde que vagaba por los bosques de Luisiana de niña. He hecho música, he viajado por todo el mundo, he sido madre, he encontrado el amor, lo he perdido, y lo he vuelto a encontrar. Hacía tiempo que no me sentía verdaderamente presente en mi propia vida, en mi propio poder, en mi condición de mujer. Pero, ahora, aquí estoy.

Agradecimientos

Si me seguís en Instagram, seguro que pensasteis que este libro estaría escrito a base de emojis, ¿verdad? 🌷🌷🌷🌷🌷🌷

Gracias al equipo que trabajó tan duramente para ayudarme a traer al mundo mis memorias. Entre ellos: Cade Hudson; Mathew Rosengart; Cait Hoyt; mis colaboradores (vosotros sabéis quiénes sois); y Jennifer Bergstrom, Lauren Spiegel, y todo el personal de Gallery Books.

Gracias a mis fans: mi gratitud y mi corazón son vuestros para siempre. Este libro es para vosotros.

Britney Spears, icono del pop, poseedora de varios discos de platino y ganadora de un premio Grammy, es una de las artistas que más fama y éxito han cosechado en la historia de la música, con más de cien millones de discos vendidos en todo el mundo. En 2021, la revista *Time* la incluyó en su lista de las 100 personas más influyentes. Su álbum *Blackout* fue añadido a la biblioteca y a los archivos del Salón de la Fama del Rock & Roll en 2012. Vive en Los Ángeles, California.